BEI GRIN MACHT SICH IHR WISSEN BEZAHLT

- Wir veröffentlichen Ihre Hausarbeit, Bachelor- und Masterarbeit

- Ihr eigenes eBook und Buch - weltweit in allen wichtigen Shops

- Verdienen Sie an jedem Verkauf

Jetzt bei www.GRIN.com hochladen und kostenlos publizieren

GRIN

Bartosz Przytula

Implementierung ethischer Maßnahmen in Unternehmen

GRIN Verlag

Bibliografische Information der Deutschen Nationalbibliothek:

Die Deutsche Bibliothek verzeichnet diese Publikation in der Deutschen National-
bibliografie; detaillierte bibliografische Daten sind im Internet über http://dnb.d-
nb.de/ abrufbar.

Impressum:

Copyright © 2010 GRIN Verlag GmbH
Druck und Bindung: Books on Demand GmbH, Norderstedt Germany
ISBN: 978-3-656-38054-2

Dieses Buch bei GRIN:

http://www.grin.com/de/e-book/210117/implementierung-ethischer-massnahmen-
in-unternehmen

GRIN - Your knowledge has value

Der GRIN Verlag publiziert seit 1998 wissenschaftliche Arbeiten von Studenten, Hochschullehrern und anderen Akademikern als eBook und gedrucktes Buch. Die Verlagswebsite www.grin.com ist die ideale Plattform zur Veröffentlichung von Hausarbeiten, Abschlussarbeiten, wissenschaftlichen Aufsätzen, Dissertationen und Fachbüchern.

Besuchen Sie uns im Internet:

http://www.grin.com/

http://www.facebook.com/grincom

http://www.twitter.com/grin_com

DIPLOMARBEIT

Zur Erlangung des Grades Diplom-Kaufmann

„Ansätze zur Implementierung ethischer Maßnahmen in Unternehmen – eine deskriptive Analyse"

vorgelegt an der

Rheinisch-Westfälischen Technischen Hochschule Aachen

Lehr- und Forschungsgebiet Allgemeine Betriebswirtschaftslehre

von: Bartosz Cezary Przytuła

Abgabetermin: 07.04.2010

Inhaltsverzeichnis

Abbildungsverzeichnis

Tabellenverzeichnis

Abkürzungsverzeichnis

Abb.	Abbildung
AG	Aktiengesellschaft
bzgl.	bezüglich
bzw.	beziehungsweise
CC	Corporate Citizenship
CFP	Corporate Financial Performance
CG	Corporate Governance
COP	Communication on Progress (Fortschrittsbericht beim Global Compact)
CSP	Corporate Social Performance
CSR	Corporate Social Responsibility
d.h.	das heißt
DCGK	Deutscher Corporate Governance Kodex
DJSGI	Dow Jones Sustainability Group Index
DNWE	Deutsches Netzwerk Wirtschaftsethik
dt.	deutsch
ebd.	Ebenda (wie vorgenannt)
etc.	et cetera (und so weiter)
EBEN	European Business Ethics Network
ECOA	Ethics and Compliance Officer Association
EMB	EthikManagementSystem
engl.	Englisch
et al.	el alii/ et aliae (und andere)
e.V.	eingetragener Verein
f.	folgende Seite
ff.	mehrere folgende Seiten
GLOBE	Global Leadership and Organizational Behavior Effectivness
GRI	Global Reporting Initiative
ILO	International Labour Organization
ISO	International Standard Organization
KonTraG	Gesetz zur Kontrolle und Transparenz im Unternehmensbereich
KIeM	Konstanz Institut für Wertemanagement
NGO	Non-Governmental Organization
OCB	Organizational Citizenship Behavior

OECD	Organization for Economic Co-operation and Development
o.J.	ohne Jahresangabe
o.V.	ohne Verfasser
PR	Public Relations
S.	Seite
SA	Social Accountability
SAI	Social Accountability International
SE	Societas Europaee (europäische Aktiengesellschaft)
TransPuG	Transparenz- und Publizitätsgesetz
u.a.	unter anderem
UN	United Nations
UNO	United Nations Organization
u.U.	unter Umständen
Vgl.	Vergleich
WMS	WerteManagementSystem
z.B.	zum Beispiel
ZfW	Zentrum für Wirtschaftsethik

„Denn es steht außer Zweifel, dass die menschliche Arbeit ihren ethischen Wert hat, der unmittelbar und direkt mit der Tatsache verbunden ist, dass der, welcher sie ausführt, Person ist, ein mit Bewusstsein und Freiheit ausgestattetes Subjekt, d.h. ein Subjekt, das über sich selbst entscheidet."

Ioannes Paulus PP. II – Laborem exercens (1981)

1 Einleitung

1.1 Themeneinstieg

„Klimawandel – und es gibt ihn doch"[1] oder „UNO Studie – Großkonzerne verursachen billionenschwere Umweltkosten"[2]. So oder so ähnlich lauten Schlagzeilen zum Klimawandel, aus denen sich Debatten über die Verantwortung von Gesellschaft und Wirtschaft für Umwelt- und Energiethemen entwickeln. Politiker und Wissenschaftler fordern öffentlich den aktiven Umweltschutz und eine nachhaltige ökologische Entwicklung. Parallel zu dieser Diskussion werden Stimmen lauter, die von Unternehmen die Teilnahme an der Schaffung sozialen Wohlstandes postulieren. Deutlich wird dies z.b. unter Anbetracht des Globalisierungsprozesses. Im Zuge der weltweiten Verflechtung verlagern Unternehmen ihre Produktionen in Billiglohnländer, wo sie zu einem Bruchteil der Kosten ihres Ursprungslandes produzieren. Ist man kritischer Natur, fragt man sich, was die Unternehmen den jeweiligen Menschen und ihren Familien vor Ort dafür zurückgeben.

Kehrt man zurück vor die eigene Haustür, muss man sich nur vor Augen führen, wie sehr der Arbeitsplatz im Alltag eines Jeden verwurzelt ist. Arbeitnehmer verdienen nicht nur ihren Lebensunterhalt, sondern verbringen oft den Großteil des Tages in der Arbeit. Es werden neue soziale Kontakte geknüpft und man darf davon ausgehen, dass manch einer seinem zukünftigen Lebenspartner am Arbeitsplatz begegnen wird.

In Zeiten der Weltwirtschaftskrise, in Zeiten von Unternehmensskandalen, die die skrupellosesten Auswüchse wirtschaftskriminellen Handelns offenbaren, mag es dem Laien jedoch schwer fallen an das „Gute" in Unternehmen zu glauben, die nur an höchstmöglichen Gewinnen interessiert sind. Laut einer aktuellen Studie der KPMG beläuft sich der Schaden für Unternehmen durch Kartellrechtsverstöße, Korruption oder Bilanzfälschungen in den letzten drei Jahren auf durchschnittlich 200 Millionen Euro.[3] Bei solchen exorbitanten Zahlen verwundert es nicht, dass die Bürger wenig Vertrauen in die Wirtschaft haben. Die Zustimmung wächst zwar langsam wieder, liegt jedoch noch unter ihrem Höchststand von 2000 und wird dabei von 71% der Befragten als sozial ungerecht angesehen.[4] Da die Staaten sich jedoch immer mehr verschulden, stehen die Unternehmen noch mehr in der Verantwortung.

---

[1] Vgl. Odenwald, in: Focus Online, 2010

[2] Vgl. o.V., Spiegel Online, 2010

[3] Vgl. o.V., KPMG, 2010, S. 9

[4] Vgl. o.V., Bertelsmann Stiftung, 2010, S. 12

Innerhalb dieser werden deswegen verstärkt Kontrollsysteme eingesetzt, um Wirtschaftskriminalität frühzeitig aufzudecken – leider geschieht dies ex post – wirksame Präven-
tionsmaßnahmen sind schwer zu erkennen. Unternehmensethik, so wird argumentiert, könnte
diese Lücke schließen, was sich auch in der Meinung der Unternehmer wiederspiegelt. Eine
Erhöhung der Sensibilität, so 77% der Befragten, könne Wirtschaftkriminalität eindämmen.[5]
Jedoch herrscht in diesem Zusammenhang selbst unter den Unternehmensethikern keine
Einigkeit. Die eine Seite argumentiert, Wirtschaftswissenschaften bedürfen keiner expliziten
Unternehmensethik, da ihre Maximen selbst auf ethischem Fundament gründen. Das merkt
man auch als Student der Wirtschaftswissenschaften. „Gute" Unternehmensführung leitet sich
z.B. aus Nutzen/ Kostenanalysen, aus operativen Gewinnen und aus strategisch richtigen
Entscheidungen, die zu Wettbewerbsvorteilen und/oder zu einem Wachstum des Unter-
nehmenswerts führen. Ohne dieses Fundament der Ökonomie erschüttern zu wollen, hat die
Unternehmensethik eine andere Dimension im Sinne. Es geht um jene Wertedimension des
unternehmerischen Handelns, die von der Betriebswirtschaft nicht in Zahlen erfasst werden
kann. Jene, die eine Abkehr vom „skrupellosen" gewinn- und nutzenorientierten Geschäfts-
alltag fordert, im gleichen Atemzug aber Gewinn- und Nutzenmaximierung erlaubt und sogar
fördern kann. Es geht also um die gute Unternehmensführung, die auf dem „Guten" fundiert
ist und präventiv im Bezug auf unmoralische Handlungen wirkt. So ist es das Ziel dieser
Arbeit zu zeigen, dass Betriebswirtschaft ethisch, aber auch, dass Unternehmensethik
betriebswirtschaftlich sein kann.

1.2 Vorgehensweise

Als Einstieg bietet Kapitel 2 einen Überblick über die Theorie der Ethik. Für das allgemeine
Verständnis der „Unternehmensethik" ist es dabei unabdinglich der Ausführung einige
Definitionen voranzustellen, welche in einem geeigneten Kontext das Fundament dieser
Arbeit darstellen sollen. Um schließlich zu einer aussagekräftigen und einheitlichen Definition der Unternehmensethik zu gelangen, werden dabei Ethik, Moral und weitere, damit
inhaltlich zusammenhängende Begriffe definiert, um sie dann einer Definition des Unternehmens gegenüberzustellen.

Kapitel 3 greift die, in Kapitel 2 aufgeführten Begriffe auf und stellt Konzepte vor, die es
einem Unternehmen ermöglichen, seiner neuen Rolle in der Gesellschaft gerecht zu werden.
Dabei bestimmt die Reihenfolge der vorgestellten Konzepte auch die empfohlene Vorgehensweise für Unternehmen, die ein Engagement in Betracht ziehen. Zum Schluss dieses Kapitels

---

[5] Vgl. o.V., KPMG, 2010, S. 7

wird die ökonomische Vorteilhaftigkeit der Konzepte, die auf einer ausgiebigen Literaturrecherche beruht, beleuchtet und mit Praxisbeispielen abgerundet. Des Weiteren ist Kapitel 4 eng an Kapitel 3 gebunden. Es werden die wichtigsten Standards vorgestellt, welche Unternehmen Hilfestellung bei der Implementierung der vorgestellten Konzepte bieten. An zwei Stellen wird dabei auf den Anhang verwiesen, in welchem zur Verdeutlichung, Inhalte der Standards abgebildet sind.

Kapitel 5 hingegen beschreibt ein Managementsystem, das die Werteorientierung innerhalb des Unternehmens fördern soll. Das Augenmerk liegt hier weniger auf der Rolle der Unternehmen als Einheit. Es ist vielmehr darauf ausgerichtet, Strukturen zu schaffen, die bei den Unternehmensangehörigen Verhaltensweisen fördern, welche in ethischer Hinsicht als „gut" einzustufen und mit der neuen Rollenwahrnehmung aus Kapitel 3 und 4 kompatibel sind. Ebenso wie in diesen Kapiteln, werden zum Ende hin mögliche ökonomische Wirkungen beschrieben, die unter anderem auf Erkenntnissen aus der Praxis gründen.

Die Entwicklungsrichtung von Unternehmen basiert in einem Großteil auf den Entscheidungen von Individuen, insbesondere denen von Führungspersönlichkeiten. Kapitel 6 zeigt ein Rahmenkonzept auf, welches die Rolle dieser, im Hinblick auf die Mitarbeiterführung und erfolgreiche Implementierung von Unternehmensethik, beleuchtet.

Als Schlussteil, beginnt Kapitel 7 mit einer inhaltlichen Zusammenfassung der Kapitel 2 bis 6 und endet mit einer Beurteilung dessen, ob Ethik und Wirtschaft zu vereinen sind.

Abschließend ist zu betonen, dass diese Arbeit weniger in eine philosophisch-ethische Diskussion verfällt. Normenbegründung und Wertebeurteilung liegen einfach außerhalb des Fähigkeitsbereichs des Verfassers. Das Studium der Wirtschaftswissenschaften bietet dafür zu wenig bis keine Grundlagen. Vielmehr wird versucht Strukturen zu beschreiben, wie und in welcher Form Ethik in Unternehmen integriert werden kann, um sowohl strategisch, als auch operativ zur Geltung zu kommen. Die Ansätze werden dabei aus einem ökonomischen Blickwinkel begutachtet.

2 Begriffliche Abgrenzung

2.1 Moral, Ethos und Ethik

„Die Ethik stellt die Frage nach dem „Was soll der Mensch tun""[6]. Des Weiteren fragt sie danach, welche Wertsetzungen dieses Tun, also das Handeln, beeinflussen. Man geht davon

---

[6] Vgl. Dietzfelbinger, 2008, S.59

aus, dass das Handeln somit durch etwaige Wertvorstellungen, Normen und Regeln bestimmt wird.

Unter Bezugnahme dieser ersten, unvollkommenen Definition von Ethik ist die Moral als grundlegender Begriff zu nennen. Die Moral beinhaltet die Gesamtheit an Werten und Normen[7], die einem Menschen bzw. der Gesellschaft zur Verfügung stehen. Diese unterliegen einem kontinuierlichen Wandel in Relation zur geschichtlichen Entwicklung, sind jedoch noch nicht reflektiert.[8] Es handelt sich ergo um Regeln und Normen, die in einer Gesellschaft existieren, „normative Geltung haben"[9] und vom Individuum ohne prüfendes Abwägen übernommen werden.

Moral:

„Moral umfasst alle tatsächlich geltenden Normen und Regeln in einer Gesellschaft, [...] Entscheidend dabei ist, dass [...] der Einzelne diese Regeln zunächst unreflektiert übernimmt"[10]

Betrachtet man den Begriff Ethik aus etymologischer Sicht, so liegen seine Wurzeln „in dem griechischen Wort Ethos. Das Wort Ethos basiert auf einer dualistischen Ausprägung der Wörter εθος und ηθος. Hierbei beschreibt das Wort εθος die Gewohnheiten, die Sitten und Bräuche. Das Wort ηθος stellt den Charakter im Sinne einer Grundhaltung der Tugend bzw. des Tugendhaften dar."[11] Tugendhaftigkeit wird in diesem Zusammenhang verstanden als Fähigkeit eines Menschen, sich gut und tadellos im sozialen Umfeld verhalten zu können. Es geht dementsprechend um eine positive innere Haltung und das individuelle Können, diese in die Tat umzusetzen. Ethos bezeichnet schließlich die Anerkennung der Moral als Grundlage für das Handeln.[12] Diese entwickelt sich aus einer inneren Überzeugung und nicht auf Grundlage von Regeln oder Pflichten. Um einer moralischen Norm innerlich überzeugt Folge zu leisten, muss der Mensch die Fähigkeit besitzen, diese anzunehmen, sie zu reflektieren,

---

[7] Normen sind Maßstäbe, die für Konfliktfälle bereits vorgedachte Handlungsregeln darstellen, welche auf bestimmten Wertvorstellungen basieren, Vgl. Dietzfelbinger, 2008, S. 68

[8] Vgl. Dietzfelbinger, 2008, S. 61

[9] Vgl. Pech, 2007, S. 35

[10] Vgl. Dietzfelbinger, 2008, S. 62

[11] Vgl. Tokarski, 2008, S. 47

[12] Vgl. Göbel, 2006, S. 10

sich also Gedanken zu machen und sie schließlich zu akzeptieren. Ist dies Geschehen so besitzt ein Mensch ein persönliches Ethos.

In einem breiteren Verständnis wird der Begriff auch als Ethos von Berufsgruppen begriffen.[13] Als Beispiele sind hier der Eid des Hippokrates, welcher ein Ethos der Ärzte darstellt, und die Grundsätze des UN Global Compact zu nennen, auf welchen im späteren Verlauf tiefgreifender eingegangen wird.

Bezogen auf die bisherigen Erläuterungen, ist Ethik als die „Wissenschaft von Moral und Ethos"[14] zu verstehen. Ihre Aufgabe besteht infolgedessen in der Reflektion des moralischen Handelns und in der Aufdeckung von Problemen, die sich durch die moralischen Mängel ergeben.

Ethik:

„Theoretisch-kritische Reflexion und argumentative Begründung des menschlichen Handelns unter Betrachtung von Werten und Normen, also der als selbstverständlich geltenden Moral"[15]

2.2 Ausgangspunkt ethischer Urteile in der Wirtschaft

Um die Ethik im Folgenden näher an die betriebswirtschaftliche Praxis heranzuführen, werden zwei Voraussetzungen aufgezeigt, die erfüllt sein müssen, damit ethische Urteile überhaupt sinnvoll erscheinen.

Die erste Voraussetzung bezieht sich auf die Fähigkeit zur Verantwortungsübernahme. *ELISABETH GÖBEL* nennt die Verantwortung treffend die „ethische Grundkategorie der Unternehmensethik"[16]. Hauptsächlich bedeutet Verantwortung, dass man für sein Handeln einstehen muss. Erst durch die Fähigkeit für sein Handeln einstehen zu können, somit Verantwortung zu übernehmen, wird man zum „moralischen Subjekt".[17] Neben der Frage nach dem Subjekt der Verantwortung, besteht ferner die Frage nach dem Objekt. Hier sei zu unterscheiden zwischen der Handlung, durch welche das Subjekt erst zur Verantwortung

---

[13] Vgl. Dietzfelbinger, 2008, S.65

[14] Vgl. Göbel, 2006, S.12

[15] Vgl. Kunze, 2007, S. 23

[16] Vgl. Göbel, 2006, S. 99

[17] Vgl. Meyer, 2002, S. 28

gezogen werden kann[18] und dem Adressaten, also jenem, welchem gegenüber sich das Subjekt zu verantworten hat.

Auf die Frage nach dem Objekt der Verantwortung soll im späteren Verlauf, wenn es zur Diskussion des Stakeholder-Ansatzes kommt, näher eingegangen werden.

Verantwortung:

„Die Zuständigkeit von Personen für übernommene Aufgaben bzw. das eigene Tun oder Charaktereigenschaften vor einer Instanz, die Rechenschaft fordert"[19]

„Verantwortung erfordert letztlich eine Beurteilung von Handlungen und deren Folgen anhand von Normen bzw. Werten"[20], womit eine weitere wichtige Voraussetzung angesprochen wird, nämlich die Möglichkeit einer Bewertung von Handlungen.

Handlungsfreiheit sei hier als Begriff zu nennen. Daraus ergibt sich die Situation, dass man vor der Wahl zwischen mindestens zwei Alternativen steht. Dilemmata stellen eine Ausprägung dar, die aus einer Entscheidungssituation entstehen, „wenn zwei (oder mehr) gleichwertige Alternativen vorhanden sind [...]"[21].

Hat man nun mehrere Handlungsalternativen zur Verfügung, so kommt es erst zu einem Abwägen dieser gegeneinander, sowie einer anschließenden Bewertung. Aus wirtschaftlicher Sicht wird eine Bewertung z.B. anhand von Kosten/Nutzen-Analysen vollzogen. Zu nennen sei diesbezüglich das ökomische Modell des „homo oeconomicus"[22], auf welches an dieser Stelle jedoch nicht weiter eingegangen wird, da sich die Ausführung sonst in die falsche Richtung bewegen würde.

Unter Einbezug der Ethik kann man die Handlungsalternativen auch einer moralischen Bewertung unterziehen, wodurch man die Relevanz dieser Voraussetzung für ethische Fragestellungen erkennt. Hat man mindestens zwei Alternativen, so muss man diese, im Hinblick auf die Verantwortungsübernahme für die Folgen der getroffenen Entscheidung gegenüber anderen, prüfen.

---

[18] Man fragt „Wofür ist das Subjekt verantwortlich? Vgl. Dietzfelbinger, 2008, S. 71

[19] Vgl. Meyer, 2002, S.28

[20] Vgl. Tokarski, 2008, S. 35

[21] Vgl. Dietzfelbinger, 2008, S. 72

[22] Ein Modell zur Erklärung ökonomisch rationalen Verhaltens der Menschen. Vgl. Karmasin/ Litschka, 2008, S. 19

In der Realität ist die Handlungsfreiheit jedoch begrenzt durch Handlungsbedingungen. Es handelt sich um von „außen gesetzte Restriktionen"[23], wie z.B. Unternehmensverfassungen, Marktbedingungen, Gesetze und Grundsätze der Moral. Fasst man die Handlungsbedingungen zum Begriff der Rahmenordnung für das Handeln der Subjekte zusammen, erkennt man, dass durch die Veränderung auf der Ebene der Rahmenordnung unter anderem auch das Handeln beeinflusst werden kann.

Abschließend ist festzuhalten, dass sowohl der Verantwortungsbegriff als auch die Handlungsfreiheit als Voraussetzungen für ethische Urteile in der Wirtschaft eine Rolle spielen. Ethische Reflexion bezieht sich nunmehr nicht nur auf die eigenen moralischen Normen und Handlungen, sondern wird erweitert durch die Auswirkungen getroffener Entscheidungen auf andere.

2.3 Gliederung der Ethiken – Unternehmensethik als Teil der angewandten Ethik

In diesem Abschnitt soll ein kurzer Überblick über die verschiedenen Ansätze ethischer Standpunkte geliefert werden. Die einzelnen Themengebiete zeigen unterschiedliche Vorgehensweisen bei der Bearbeitung ethischer Fragestellungen. Außerdem verdeutlicht die Abb.1, wo sich die Unternehmensethik innerhalb der Wissenschaft über die Ethik ansiedelt. Die klassifizierenden Ethiken behandeln Theorien der menschlichen Lebensführung. Man unterscheidet zwischen „äußerlichen und innerlichen"[24] Kriterien für die Lebensführung. Formale Ethik bezieht sich auf die allgemein geltenden Prinzipien, anstatt explizit jede Handlung einzeln zu untersuchen und benutzt damit nur äußerliche Kriterien. Sie definiert das Richtmaß, nach welchem ethisch geurteilt werden kann und legt sozusagen „Faustregeln" fest. Materiale Ethik hingegen hat innerliche Kriterien als Grundlage. Sie benutzt inhaltliches Material, wie Werte oder Tugenden als Diskussionsbasis.[25] Von einer allgemeinen Diskussion abgewendet, durchleuchtet sie den Gehalt von ethischen Theorien der Lebensführung.

Bei den begründungsbezogenen Ethiken steht im Vordergrund, welche Argumentationslinie eingeschlagen wird, um Werte, Normen und Regeln für die durchzuführenden Handlungen zu definieren.

---

[23] Vgl. Pech, 2007, S. 27

[24] Vgl. Dietzfelbinger, 2008, S. 78

[25] Vgl. ebd., S. 78

Abbildung 1: *Gliederung der Ethik – Bindestrichethiken*

(Eigene Darstellung in Anlehnung an: Pech, 2007, S. 34; Dietzfelbinger, 2008, S. 77)

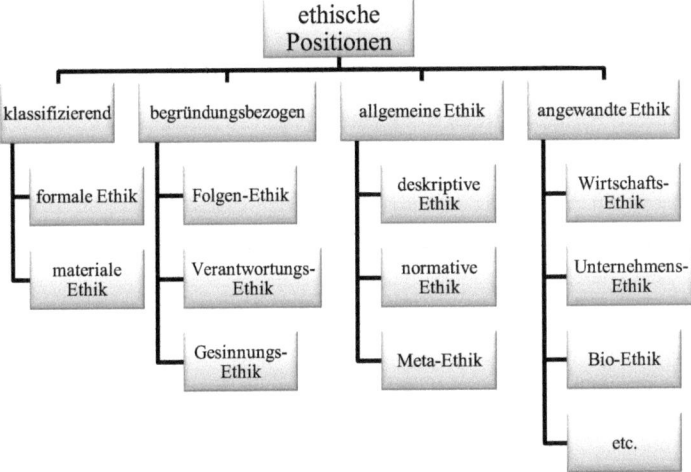

Die Folgenethik versucht, wie der Name sagt, eine Entscheidung auf Grundlage der daraus resultierenden Konsequenzen zu begründen. „Der Schwerpunkt liegt darin, wie Handlungen nach ihren Folgen bemessen und bewertet werden können"[26]. Es gilt zwischen positiven und negativen Folgen abzuwägen, um die beste Alternative zu finden. Da Folgen jedoch erst nach der eigentlichen Handlung auftreten, ist die Bewertung ex Ante oft eine komplizierte bis unmögliche Aufgabe, was einen wesentlichen Kritikpunkt darstellt.

Die Gesinnungsethik hingegen beruft sich in ihrer Begründung auf das „eigene Gewissen"[27]. „Moralisch ist, das Gute zu wollen"[28]. Die Folgen werden hier gänzlich außer Acht gelassen. In jeder Situation spielt die aktuelle Disposition des Gewissens die entscheidende Rolle. Diese Theorie der Lebensführung ist jedoch sehr subjektiv, da das Gute von Kultur zu Kultur und sogar von Mensch zu Mensch verschieden sein kann.

In dieser Nische zwischen Folgen- und Gesinnungsethik positioniert sich die Verantwortungsethik. Ihre Entscheidungsfindung beschränkt sich nicht auf ein Konzept. Sowohl die Folgenabschätzung, als auch die Frage der inneren Stimme, also des Gewissens werden aufgegriffen, wenn es darum geht die richtige Entscheidung zu treffen. Es wird also die Güte

---

[26] Vgl. Dietzfelbinger, 2008, S. 80

[27] Vgl. ebd., S. 80

[28] Vgl. Göbel, 2006, S. 16

der gesamten Entscheidungsfindung begutachtet. Jedoch ist sie sehr an die Folgenethik gebunden, wodurch die Folgenabschätzung bei Unsicherheit höher gewichtet wird.

Die Unterteilung der allgemeinen Ethik in deskriptive, normative und Meta-Ethik kann zugleich in dieser Reihenfolge als Vorgehensweise bei ethischen Analysen gesehen werden. Als deskriptiv ist Ethik zu bezeichnen, wenn sie „beschreibend feststellt, was bei bestimmten Völkern, Stämmen, Gruppen, Schichten, Klassen usw. als „moralisch galt bzw. gilt.""[29] Im Fokus steht die Normenordnung mit ihren Einflüssen, wie sie zu einem gewissen Zeitpunkt innerhalb einer Gruppe vorzufinden ist. Sie ist somit die Ausgangslage ethischer Analysen, da sie durch ihre darstellende Funktion, Probleme aufzudecken vermag. Die gelieferten Aussagen können dann durch die normative Ethik weiterverarbeitet werden.

Die normative Ethik soll konkrete Aussagen über die Lebensführung liefern. Sie „analysiert und reflektiert [...] den Maßstab für das moralisch richtige Handeln"[30] Es wird probiert sowohl einen universellen Rahmen für die Beurteilung zu finden, als auch daraus ableitend, Aussagen zu treffen, wie der Mensch sich verhalten soll.

Die Meta-Ethik hingegen prüft die Theorien, auf deren Grundlage Aussagen getroffen werden und untersucht, ob die formulierten Überlegungen über das moralische Handeln, Kritik standhalten können Rückwirkend ist sie für die normative Ethik eine wichtige Kontrollinstanz, da sie die „Leistungskraft ethischer Theorien"[31] prüft und somit Zeugnisse über ihre Gültigkeit ausstellt.

Im Gegensatz zur allgemeinen Ethik könnte man sagen, dass die angewandte Ethik sich mit etwaigen Disziplinen des Lebens, mit Fragen des jeweiligen Geltungsbereichs beschäftigt und auf Basis der allgemeinen Ethik probiert bereichsspezifische Probleme zu lösen. Zu diesen Bindestrichethiken gehören z.B. die Bio-Ethik, die Wirtschaftsethik und die, für diese Arbeit bedeutendste, Unternehmensethik.

2.4 Das Unternehmen

Unternehmen sind Wertschöpfungseinheiten für „materielle und/oder immaterielle Güter zur Fremdbedarfsdeckung"[32], die innerhalb einer gegebenen marktwirtschaftlichen Ordnung operieren. Die wichtigsten Merkmale eines Unternehmens sind u.a. die Wirtschaftlichkeit, das

---

[29] Vgl. Göbel, 2006, S. 12

[30] Vgl. Pech, 2007, S. 34

[31] Vgl. ebd., S. 34

[32] Vgl. Töpfer, 2007, S. 80

finanzielle Gleichgewicht und das erwerbswirtschaftliche Prinzip.[33] Die marktwirtschaftliche Ordnung bezeichnet das Rechts- und Wirtschaftssystem, welches für die Unternehmen Bedingungen und Restriktionen für ihr Handeln darstellen. In der betriebswirtschaftlichen Literatur wird dies oft allgemein als Rahmenordnung bezeichnet. Handeln nach dem erwerbswirtschaftlichen Prinzip bedeutet, dass die Wertschöpfungseinheiten das oberste Ziel verfolgen ihren Gewinn zu maximieren und jederzeit darauf achten müssen, zahlungsfähig zu bleiben, was durch das finanzielle Gleichgewicht impliziert wird.

Geleitet von der Annahme, dass es in Unternehmen zu Entscheidungssituationen kommt, erscheint es sinnvoll an dieser Stelle einen beispielhaften Entscheidungsprozess vorzustellen.

Abbildung 2: *Vereinfachter unternehmerischer Entscheidungsprozess*

(Vereinfachte eigene Darstellung in Anlehnung an: Steffenhagen, 2008, S. 190)

Im ersten Schritt wird eine Situationsanalyse vorgenommen, bei der sowohl unternehmensinterne und -externe Aspekte betrachtet werden. Man analysiert seine eigenen Stärken, auch im Vergleich zu den Wettbewerbern und vergleicht diese mit den Marktchancen, um Potentiale aufzudecken.[34] Zu der langfristig strategischen Planung gehören die Zielsetzung und Strategieformulierung. Innerhalb der Zielplanung legt man Unternehmensgrundsätze fest und definiert übergeordnete, qualitative Ziele der Unternehmenstätigkeit. Bei der Strategieformulierung geht es um das Priorisieren der Ziele, d.h. einer Definition des Weges, welchen man einschlagen will, um die übergeordneten Ziele zu erreichen. Man

---

[33] Vgl. Albach, 2008, S. 4

[34] Vgl. Steffenhagen, 2008, S. 190

priorisiert z.B. die zu ergreifenden Tätigkeitsbereiche oder aus marketingstrategischer Sicht, die zu bearbeitenden Marktsegmente. Im operativen Bereich des Entscheidungsprozesses analysiert man die verfügbaren Ressourcen, wie finanzielle oder personelle Mittel, die zur Verfügung stehen und wägt mögliche Maßnahmen gegeneinander ab, um die beste, im Hinblick auf die Zielerreichung, zu wählen.[35] Am Ende setzt man die Theorie in die Praxis um und kontrolliert den eingesetzten Prozess, um eine optimale Ausführung der Maßnahmen zu gewährleisten.

2.5 Unternehmensethik

Ausgehend von den bisherigen Definitionen von Ethik und Unternehmen, wird in diesem Kapitel eine Definition der Unternehmensethik erarbeitet. Ethik, als Reflektion der Moral, soll im Unternehmenskontext unter den Bedingungen einer modernen Marktwirtschaft zur Geltung kommen. Betrachtet man den, im vorigen Kapitel gelieferten unternehmerischen Entscheidungsprozess, so müssen sowohl ethische als auch wirtschaftliche Anforderungen gemeinsam und gegeneinander abgewogen im operativ alltäglichen und langfristig strategischen Aufgabenbereich eingehalten werden.[36] Hier wird dabei bewusst der langfristige Aspekt betont, um ethische Reflektion und ihre Erkenntnisse nicht auf momentane Zeitaufnahmen zu beschränken, sondern die nachhaltige Implementierung und die bleibenden Folgen der Handlungen mit einzubeziehen. In allen Bereichen eines Unternehmens, von der untersten Mitarbeiterebene bis in die Führungsetage, muss somit im Zweifelsfall das Handeln nach moralischen Gesichtspunkten beurteilt werden. Bestimmt durch die Tatsache, dass sowohl ethische als auch wirtschaftliche Aspekte betrachtet werden, kann man der Auffassung folgen, die Unternehmensethik fungiere als Bindeglied zwischen der Betriebswirtschaftslehre und der Ethik[37].

Integriert man den Verantwortungsbegriff und die Handlungsfreiheit, welche als Voraussetzungen für ethische Urteile in der Wirtschaft gekennzeichnet wurden, in die Definition der Unternehmensethik, erkennt man einen weiteren wichtigen Aspekt dieser. Ziel ist ein moralisch verantwortungsbewusstes Wahrnehmen der unternehmerischen Handlungsfreiheit und die permanente Reflektion dessen, was als moralisch angenommen wird.[38]

---

[35] Vgl. Steffenhagen, 2008, S. 190

[36] Vgl. Dietzfelbinger, 2008, S. 204

[37] Vgl. Kunze, 2007, S.106

[38] Vgl. Tokarski, 2008, S. 109

Zum Begriff der Reflexion im Unternehmenskontext ist anzumerken, dass es nicht darum gehen kann, von vorneherein fertige Lösungskonzepte zu bieten, sondern eine Auseinandersetzung mit praxisnahen Problemstellungen zu forcieren, wodurch neue Anstöße für das moralisch gute Handeln entwickelt werden können. Man muss bedenken, dass es schwer ist, allgemein gültige Lösungen zu finden, da Unternehmen sich z.b. durch die Kultur, das Markt- und Rechtssystem des Landes, die Branchenzugehörigkeit oder auch die Unternehmensziele unterscheiden können.

Unternehmensethik:

Unternehmensethik ist die permanente Reflektion der Moral im praxisnahen und einzelfallbezogenen Unternehmenskontext, „eine Synthese aus wirtschaftswissenschaftlicher und ethischer Theorie"[39] mit dem Ziel ein moralisch verantwortungsbewusstes Wahrnehmen der unternehmerischen Handlungsfreiheit zu erreichen.

Im Hinblick auf die angesprochene Synthese aus wirtschaftswissenschaftlicher und ethischer Theorie, also dem Verhältnis von Rentabilitätsstreben und moralischen Aspekten, hat *HOMANN*, einer der bekanntesten Unternehmensethiker im deutschsprachigen Raum, einen Ansatz entworfen, womit er eine theoretische Grundlage für die Beschreibung ethisch-ökonomischer Konfliktfälle legte.

Abbildung 3: *Konfliktsituation zwischen Rentabilität und Moral*
(Eigene Darstellung in Anlehnung an: Kunze, 2007, S. 104; Homann/ Blome-Drees, 1992, S. 133)

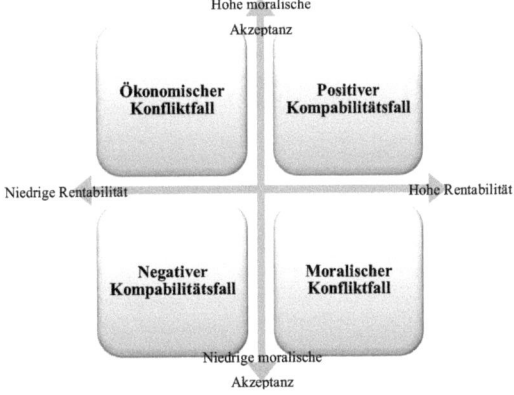

---

[39] Vgl. Pech, 2007, S. 47

Der positive Kompabilitätsfall zeigt die erwünschte und erstrebenswerte Handlungssituation. Sowohl ethische als auch ökonomische Aspekte sind hier im Einklang. Es gilt diesen Status Quo durch geeignete Maßnahmen zu festigen. Der ökonomische Konfliktfall beschreibt die Situation, dass ein Unternehmen zwar moralischen Ansprüchen genügt, durch die Einhaltung dieser jedoch nur geringe oder gar negative Rentabilität erzielt. Diese Situation kann langfristig zum Ruin führen. Der moralische Konfliktfall beschreibt die umgekehrte Situation, in der das Defizit auf der moralischen Ebene zu finden ist. Das Unternehmen operiert zwar rentabel, jedoch nicht verantwortungsbewusst und ist damit im Fokus unternehmensethischer Diskussion. Wie man die beiden Konfliktfälle vermeiden und zum positiven Kompabilitätsfall gelangen kann, soll mit dieser Arbeit gezeigt werden, wobei dargestellt werden wird, dass die moralische Akzeptanz mit dem Rentabilitätsstreben vereint werden kann.

Der letzte Quadrant zeigt eine Situation bei negativer Rentabilität und nicht erfüllten moralischen Anforderungen. Negativer Kompabilitätsfall genannt, ist dieser Status Quo nicht weiter erwähnenswert, da kein Unternehmer Handlungen durchführen wird, die moralisch inakzeptabel und gleichzeitig ökonomisch wenig sinnvoll erscheinen.

Es erscheint zweckmäßig an dieser Stelle Beispiele moralischer Konfliktfälle aufzuzeigen, um den Praxisbezug zur Unternehmensethik herzustellen. Unterschieden wird zwischen unternehmensinternen und –externen Problemstellungen. Intern ergeben sich ethische Problemstellungen im Zusammenhang mit Mitarbeitern und Führungskräften. Demgegenüber sind externe Fälle im Zusammenhang mit dem Umfeld des Unternehmens zu finden, wo verantwortungsbewusstes Handeln gefordert wird.

Tabelle 1: *Beispiele unternehmensethischer Problemstellungen*

(Eigene Zusammenstellung in Anlehnung an: Dietzfelbinger, 2008, S. 194 f.; Kunze, 2007, S. 79, S. 103)

Unternehmensintern	Unternehmensextern
Mitarbeiter: z.B. Alterssicherung, Fortbildungsangebot, Kinderbetreuung	Gesetzestreue
Führungskräfteentwicklung: z.B. unlautere Preispolitik, unmoralischer Führungsstil	Korruption: z.B. Bestechung, Lobbyismus
Gleichberechtigung von Frauen & Minderheiten: z.B. Mobbing, Fairness, Diskriminierung	Umwelt: z.B. Tierversuche, Umweltverschmutzung
Anreizstruktur z.B. Förderung unmoralischen Verhaltens	Fehlinformation an die Öffentlichkeit: z.B. Manipulation der Buchführung
Umgang mit vertraulichen Informationen z.B. Verrat von Unternehmensgeheimnissen	Ausbeutung: z.B. Produktion in Billiglohnländern, Kinderarbeit
Extremfälle: z.B. Abteilungsschließung, Entlassungen	Produktqualität: z.B. lebensgefährliche Mängel

An diesen Beispielen sieht man, dass unternehmensethische Konflikte in vielen Bereichen entstehen können und die Lösungskonzepte meist einen strikten Einzelfallbezug haben müssen, damit sie wirksam werden können. Es müssen demnach allgemeine Strukturen errichtet werden, die spezifische Problemlösungen fördern. Bevor jedoch konkret auf einzelne Maßnahmen eingegangen wird, müssen angesichts der komplexen und umfassenden wirtschaftlichen Handlungsbeziehungen Orte festgelegt werden, an denen ethische Urteile Sinn machen. Diesbezüglich hat Enderle[40] ein Drei-Ebenen-Modell eingeführt, welches in der wirtschafts- bzw. unternehmensethischen Diskussion allgemein akzeptiert wird.

2.6 Drei Ebenen Modell – ein Grundkonzept der Ethik in der Wirtschaft

Es wird zwischen 3 Ebenen unterschieden: der Makro-, der Meso- und der Mikroebene. Kurz umschrieben beschäftigt sich die Mikroebene mit der individuellen Sicht des wirtschaftlichen Handelns, die Mesoebene mit der Unternehmenssicht und die Makroebene mit der Sicht der Rahmenordnung eines wirtschaftlichen Systems. Wieso die Einteilung in diese drei Ebenen vorgenommen wurde und wie sie sich untereinander beeinflussen, soll an der folgenden Abbildung erklärt werden:

Abbildung 4: *Drei-Ebenen-Modell*

(Eigene Darstellung in Anlehnung an: Enderle, 1988, S. 55; Noll, 2002, S. 45)

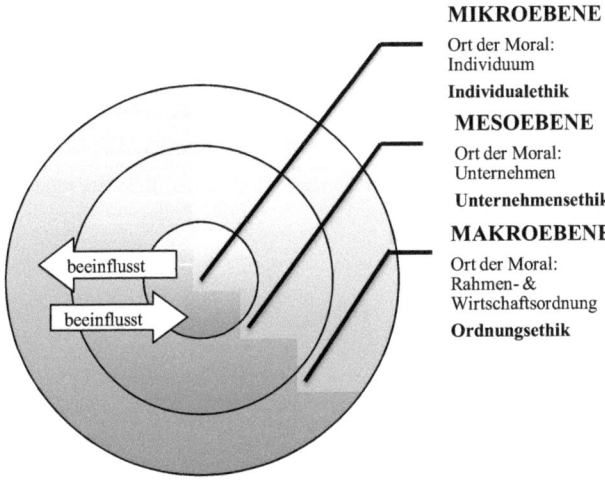

MIKROEBENE

Ort der Moral:
Individuum

Individualethik

MESOEBENE

Ort der Moral:
Unternehmen

Unternehmensethik

MAKROEBENE

Ort der Moral:
Rahmen- &
Wirtschaftsordnung

Ordnungsethik

beeinflusst

beeinflusst

---

[40] Vgl. Enderle, 1988, S. 55ff.

Die Mikroebene ist in die beiden übergeordneten Ebenen eingebettet und wird durch Faktoren dieser beeinflusst. Auf dieser Ebene werden Fragen des „individuellen Handelns"[41] gestellt. Es geht um die Verantwortung und die Pflichten des Einzelnen gegenüber seinem Umfeld, also den Mitarbeitern oder dem Unternehmen.[42] Gruppen von Individuen können z.b. Produzenten, Konsumenten oder Investoren und im unternehmerischen Kontext vor allem Führungskräfte und Mitarbeiter sein[43]. Grundsätzlich spricht man hier von einer Führungs- und Mitarbeiterethik, was bedeutet, dass Führungskräfte sich intern mit Fragen der Unternehmensführung und der Personalführung oder auch extern z.B. mit wahrheitsgemäßer Informationsbekanntgabe beschäftigen müssen. Mitarbeiter hingegen haben z.b. die Pflicht dem Arbeitgeber gegenüber Loyalität zu bewahren und sich den anderen Mitarbeitern gegenüber fair zu verhalten.

Die Mesoebene beschäftigt sich mit „institutionalisierten Wirtschaftsakteuren"[44], ergo den Unternehmen. Gegenstand der Untersuchung sind hier Verantwortungsbereich und -ausmaß von Unternehmen und seinen unterschiedlichen Bereichen, wie Absatz und Beschaffung, Marketing und Vertrieb oder Forschung und Entwicklung.

Analyseobjekt auf der Makroebene ist die Rahmenordnung. Auf nationaler, internationaler und globaler Ebene werden moralische Konfliktfelder aufgedeckt, die im Zusammenhang mit der Gesetzeslage stehen könnten und Lösungsansätze erarbeitet.[45] Aufgrund fortschreitender Globalisierung sind nicht nur einzelstaatliche Rahmenordnungen von Bedeutung, sondern insbesondere auch Zusammenschlüsse von Systemen, wie sie die Europäische Union darstellt. Hier steht die Politik in der Verantwortung, das Recht so auszugestalten, damit moralisch fragwürdige Handlungen auf Meso- und Mikroebene von vornerein ausgeschlossen oder minimiert werden. Weiterhin sind in diesem Bereich gesellschaftspolitisch engagierte Institutionen oder NGOs[46] zu nennen, welche oft Missstände aufdecken und sie der öffentlichen Diskussion übergeben, aus welcher dann Umgestaltungen der Rahmenordnung entstehen können.[47]

---

[41] Vgl. Lenk/ Maring, 2004, S. 34

[42] Vgl. Karmasin/ Litschka, 2008, S. 27

[43] Vgl. Göbel, 2006, S. 79

[44] Vgl. Kunze, 2007, S. 90

[45] Vgl. Pech, 2007, S. 42

[46] Es handelt sich um „Non-Governmental-Organisations" (dt. Nichtregierungsorganisation), welche sich durch staatliche Unabhängigkeit auszeichnen, wie z.B. Amnesty International oder Greenpeace. Dazu Vgl. Frantz/ Martens, 2006, S. 28

[47] Vgl. Karmasin/ Litschka, 2008, S. 27

Abb. 5 zeigt, wie ein ethischer Entscheidungsprozess innerhalb des Drei-Ebenen-Modells aussieht. Der erste Schritt beschreibt die Erkenntnis und Prüfung des moralischen Fehlzustands. Findet man für sein Handeln ethische Rechtfertigung, sind die Anforderungen zurückzuweisen. Man hat laut Abb. 4 eine hohe moralische Akzeptanz. Sind sie jedoch berechtigt, wird im zweiten Schritt geprüft, ob die Rahmenordnung im Stande ist den Mangelzustand zu beheben.[48] Ist jenes amoralische Verhalten durch die Rahmenordnung gebilligt, geht die Verantwortung auf das Unternehmen über und es muss entscheiden, wie es eine höhere moralische Akzeptanz erreichen kann.

Abbildung 5: *Unternehmensethischer Entscheidungsprozess*

(Eigene Darstellung in Anlehnung an: Homann/ Blome-Drees, 1992, S. 158)

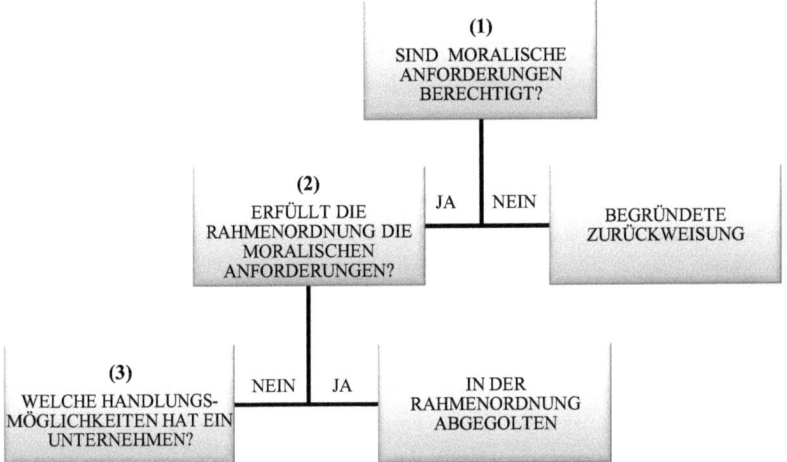

Es stellt sich hier die Frage, wieso diese Einteilung in das Drei-Ebenen-Modell im Hinblick auf die Unternehmensethik wichtig ist. In Abb. 3 liefern die zwei Pfeile die Antwort auf diese Frage. Ausgehend vom Unternehmen ist die Mesoebene immer als „vollständige Schnittmenge"[49] der Makroebene zu sehen, sowie die Mikroebene die vollständige Schnittmenge der Mesoebene und somit auch der Makroebene ist. Unternehmen müssen sich innerhalb des gegebenen Rechtsystems bewegen, welches seinerseits oft moralisches Fehlverhalten auf der Mikro- und Mesoebene durch normative Vorgaben ausschließt. Individuen sind nicht nur an

---

[48] Dies sind Spielregeln, in deren Rahmen Spielzüge vollzogen werden. *PECH* bezieht sich damit auf den Ansatz *HOMANNs*, der den Ort der Moral in der Rahmenordnung sieht, die so ausgestaltet werden muss, dass Anreize zu Fehlverhalten von vornherein minimiert werden. Vgl. Pech, 2007, S. 68

[49] Vgl. Kunze, 2007, S. 90

staatliche Rahmenordnungen gebunden, sondern unterliegen ebenso z.B. einer Unternehmensverfassung und müssen Rechte und Pflichten beachten, die im Arbeitsvertrag eingetragen sind. Führungskräfte treffen Entscheidungen auf Grundlage von Unternehmensstrategien und –zielen.

Umgekehrt sind es die Individuen, die das Unternehmen prägen. Sie entscheiden über den Standort, die Strategie, die Rechtsform des Unternehmens oder eben die Werte, die das Unternehmen vermittelt. Die gesamte Struktur baut auf der Geschichte des Unternehmens, beginnend mit den Gründungsmitgliedern, auf.[50]

Auch die Rahmenordnungen können ohne die aktive Mitarbeit der untergeordneten Ebenen alleine keinesfalls funktionieren, da sie aus „systematischen Gründen unvollständig sind, d.h. dass eine vollständige Internalisierung von negativen externen Effekten durch staatliche Regulierung unmöglich ist"[51]. Gründe dafür sind, wie oben erwähnt, z.B. die fortschreitende Globalisierung und dadurch entstehende Verflechtungen zwischen nationalen Märkten. Dies bedeutet, dass die Rahmenordnung einen Teil moralisch fragwürdigen Verhaltens durch Spielregeln auszuschließen vermag. Der Rest muss, wie Abb. 5 zeigt, innerhalb eines Unternehmens durch das Unternehmen selbst und seine Angehörigen geregelt werden, womit man die Existenzberechtigung aller drei Ebenen innerhalb der ethischen Diskussion erkennt.

Schließlich ist noch die beeinflussende Wirkung der Mikro- und Mesoebene auf die Makroebene zu erwähnen. Die Rahmenordnung entsteht nicht in abgegrenzten Entscheidungsprozessen der Entscheidungsträger. „Sie stellen empirisch vielmehr das Ergebnis gesellschaftlicher Kommunikations-, Entscheidungs-, und Aushandlungsprozesse zwischen regulierenden und regulierten Akteuren dar"[52]. Folglich sind Unternehmen nicht nur passiv als Adressaten der Rahmenordnung zu sehen, sondern sind angehalten aktiv an der Gestaltung teilzunehmen.

Aufbauend auf diesen Ausführungen muss die Definition der Unternehmensethik erweitert werden um das 3-Ebenen-Modell, wodurch folgende Definition zu Stande kommt.

Unternehmensethik:

Unternehmensethik ist die permanente Reflektion der Moral im praxisnahen und einzelfallbezogenen Unternehmenskontext, „eine Synthese aus wirtschaftswissenschaftlicher

---

[50] Vgl. Kunze, 2007, S. 95

[51] Vgl. Beschorner, 2008, S. 86

[52] Vgl. ebd., S. 87

und ethischer Theorie"[53] – im Zusammenspiel der Mikro, Meso- und Makroebene – mit dem Ziel ein moralisch verantwortungsbewusstes Wahrnehmen der unternehmerischen Handlungsfreiheit zu erreichen.

3 Konzepte unternehmensethischer Verantwortungsübernahme

3.1 Corporate Governance

Als Ausgangspunkt der unternehmensethischen Diskussion fällt die Wahl schnell auf das Gebiet der Corporate Governance (CG), welche sich mit Problemen der Unternehmensleitung und -Kontrolle befasst. Hauptsächlich geht es um die „Gewährleistung einer unabhängigen, wert- und erfolgsorientierten Unternehmensführung und um die Sicherung und Steigerung der Unternehmenswertes"[54]. Dabei stehen alle Formalitäten und Prozesse zur Diskussion, auf deren Grundlage und unter deren Einfluss Entscheidungen in Unternehmen getroffen werden. Mit dem Thema beschäftigen sich Wissenschaftler aus verschiedensten Bereichen, wie z.B. der Rechts- und Wirtschaftswissenschaft, wobei diese das Gesellschaftsrecht, das Kapitalmarktrecht oder das Mitbestimmungsrecht betreffen können.[55]

Durch die Trennung von Eigentum, Leitung und Kontrolle bei Aktiengesellschaften und aufgrund einer breiten Streuung der Eigenkapitalgeber, ergibt sich das Problem, dass die, von den Aktionären beauftragten Manager das Unternehmen nicht immer nach deren Vorstellungen leiten.[56] Dieses Problem wird in der Wissenschaft als „Principal-Agent-Theorie"[57] untersucht.

Durch die Benennung und Definition einer guten Unternehmensleistung und das Zusammenführen beidseitiger Interessen, probiert man die Manager dahingehend zu motivieren, dass sie im Sinne der Shareholder, also der Eigenkapitalgeber bzw. Aktionäre handeln. Dabei wird das Ziel verfolgt, den Unternehmenswert und somit auch die Rückflüsse an die Aktionäre zu steigern.

[53] Vgl. Pech, 2007, S. 47

[54] Vgl. Schwalbach/ Schwerk, 2008, S. 71

[55] Vgl. ebd., S. 72

[56] Vgl. Zöllner, 2007, S. 9

[57] Die Principal-Agent-Theorie befasst sich „mit der institutionellen Ausgestaltung der Auftragsbeziehung zwischen dem Agenten als Auftragnehmer und dem Principal als Auftraggeber. [...] Aufgrund von Informationsasymmetrien ist es dem Agent möglich, unbeobachtet seinen Nutzen zu Lasten des Principal zu erhöhen. [...] Durch ein geeignetes Anreizsystem versucht, der Principal das Verhalten des Agenten zu zu beeinflussen" Dazu vgl. Roiger, 2007, S. 1

Die Verbindung zwischen einer guten CG und dem Unternehmenswert wurde in der Vergangenheit bereits vielfältig untersucht und ein überwiegend positiver Zusammenhang festgestellt.[58] Wie man eine gute CG definiert und welche Aspekte dabei betrachtet werden müssen, wurde in einigen Standardisierungsinitiativen festgeschrieben. Die wichtigsten sollen an dieser Stelle der vollständigkeitshalber genannt werden. Auf internationaler Ebene haben sich vor allem die CG-Leitsätze der „Organisation for Economic Co-operation and Development" (OECD) von 1999 hervorgehoben.[59] Sie beschäftigen sich mit den Aktionärsrechten, mit Pflichten von Aufsichtsräten in Unternehmen, dem Ausmaß von Offenlegung und Transparenz, sowie der Rolle der übrigen Anspruchsgruppen im Unternehmen. Die Grundsätze richten sich sowohl an die nationale Gesetzgebung, als auch an die, innerhalb dieser Rahmenordnung operierenden Unternehmen.

In Deutschland sind auf dem Gebiet der Corporate Governance vor allem folgende Initiativen zu beachten: Das 1998 in Kraft getretene Gesetz zur Kontrolle und Transparenz im Unternehmensbereich (KonTraG) beschäftigt sich genauso, wie das Transparenz- und Publizitätsgesetz (TransPuG) von 2002 mit der Unternehmensleitung und -Kontrolle, sowie den Offenlegungspflichten von Unternehmen. Im Gegenteil zu den beiden Gesetzesinitiativen, wurde außerdem der Deutsche Corporate Governance Kodex (DCGK)[60] als eine Art „soft law"[61] entwickelt, womit er zwar kein verbindliches, niedergeschriebenes Gesetz darstellt, jedoch die Funktion einzuhaltender Leitlinien für ein gutes CG-System einnimmt. Unter anderem wird darin auch, wie bei den OECD Leitsätzen, die Wichtigkeit des Einbezugs übriger Anspruchsgruppen erwähnt. Zu der Erkenntnis, dass innerhalb einer erfolgreichen CG nicht nur die Aktionäre von Bedeutung sind, gibt es einige Studien, wie z.B. eine auf Unternehmen in vielen Ländern ausgelegte von *GARCIA-CASTRO ET AL.*, bei der sich herauskristallisiert hat, dass neben den gängigen CG-Regeln bzgl. Transparenz und Principal-Agent Beziehung bei der Wertschöpfung eines Unternehmens, unter den Anspruchsgruppen, vor allem die Mitarbeiter einen wichtigen Part spielen.[62]

---

[58] Diesbezüglich stellt *ZÖLLNER* eine Übersicht der wichtigsten Studien zur Verfügung, auf die an dieser Stelle aus Kapazitätsgründen nicht weiter eingegangen werden kann. Vgl. Zöllner, 2007, S. 62

[59] Vgl. o.V., OECD, 2004, S. 7

[60] Vgl. o.V., Regierungskommission DCGK, 2009

[61] Vgl. Schwalbach/ Schwerk, 2008, S. 77

[62] Vgl. Garcia-Castro et al., 2008, S. 279; Ähnliche Ergebnisse: vgl. Blair/ Roe, 1999, S. 12;

Hieran erkennt man auch die neue Welle innerhalb der CG-Diskussion und eine erste Annäherung zu einer ethisch verantwortungsvollen Unternehmensführung durch den Stakeholder-Approach.[63] Eine gute Unternehmensführung und -Kontrolle richtet sich im Bereich der CG nach verschiedenen Gesetzen, wie dem KonTraG oder dem TransPuG, sowie gesetzesähnlichen Leitsätzen, wie jenen der OECD oder dem DCGK. Dies entspricht einer Einhaltung von Gesetzen, also der Legalität unternehmerischer Handlungen, und wird in der unternehmensethischen Diskussion als „Compliance"[64] bezeichnet. Sie beschäftigt sich mit dem verhindern, erkennen und sanktionieren gesetzlich fragwürdiger Handlungen. Laut Definition geht die Unternehmensethik darüber hinaus, indem sie Normen und Handlungen aus Eigeninitiative reflektiert und zur Verfügung stehende Handlungsalternativen beurteilt, um so zu einer guten Entscheidung zu gelangen. Dieser Gedanke wird mit „Integrity"[65] (dt. Integrität) umschrieben. Der Integritätsgedanke ist somit Grundstein dieser Arbeit. Es soll jedoch durch die Ausführung über die Corporate Governance betont werden, dass Grundlage eines ethisch guten Unternehmens, immer die Einhaltung bestehender Gesetze ist.

3.2 Stakeholder Approach – Grundlage der Unternehmensethik

Die moralische Pflicht Verantwortung für die Folgen von Entscheidungen zu übernehmen ist im unternehmensethischen Kontext eines der Hauptanliegen. Diesbezüglich soll an dieser Stelle ein theoretisches Grundkonstrukt aufgeführt werden, welches im späteren Verlauf das Fundament einiger Konzepte darstellen wird.

Der Stakeholder Approach stellt eine Erweiterung des bisher in der Unternehmenstheorie vorherrschenden Shareholder Value Ansatzes dar. Ausgehend von den Anteilseignern/ Aktionären eines Unternehmens, war es die Pflicht der Entscheidungsträger die Strategie so auszurichten, dass der Wert des Vermögens der Eigenkapitalgeber maximiert wird.[66] Orientierung am Shareholder-Value bedeutet damit für das Unternehmen, dass es die

---

[63] Ausführlicher im folgenden Kapitel

[64] Vgl. Thielemann, 2005, S. 34

[65] In diesem Zusammenhang bedeutet Integrität: „das logische Primat der Ethik im Denken und Handeln anzuerkennen und mindestens im Zweifel den ethischen Gesichtspunkten, den Rechten anderer, den Vorrang vor der Verfolgung der eigenen Interessen einzuräumen" Vgl. Thielemann, 2005, S. 35

[66] Wert des Vermögens wird definiert als Marktwert für das anteilige Eigenkapital, was in der Literatur oft mit Unternehmenswert umschrieben wird. Dazu vgl. von Düsterlho, 2002, S. 5

Rückflüsse an die Shareholder zu maximieren und diese als wichtigste, kurzfristig sogar als einzig relevante Einflussgruppe im Umfeld des Unternehmens zu beachten hat.[67]

Demgegenüber ist in der modernen Managementtheorie der Stakeholder Approach entstanden, welcher sich aus Kritik am vorherrschenden Shareholder Value Ansatz entwickelt hat. Oft wird er aber auch als Erweiterung des Shareholder Values verstanden. Als Ausgangspunkt ist hier auf Arbeiten von *FREEMAN* zu verweisen[68].

Die Erweiterung bezieht sich auf die Definition der legitimen Anspruchsgruppen des Unternehmens. Sind bei dem Shareholder Value Ansatz noch die Eigenkapitalgeber die entscheidende Anspruchsgruppe, so dehnt sich der Raum der potentiellen Anspruchsgruppen beim Stakeholder Ansatz auf das gesamte Unternehmensumfeld aus.[69] Ein Stakeholder, also jemand der sich potentiell im Verantwortungsbereich des Unternehmens bewegt, ist in dem Zusammenhang jemand, der durch die Entscheidungen des Unternehmens finanziell, sozial oder psychisch betroffen ist oder seinerseits die Performance des Unternehmens beeinflussen kann.[70] Dabei sei es nicht von Belang, ob diese Person/ Gruppe vertraglich an das Unternehmen gebunden ist.[71]

Mögliche Stakeholder eines Unternehmens seien in der Abb.6 dargestellt. Neben den erwähnten Shareholdern, sollte ein Unternehmen in seiner Entscheidungsfindung somit viele andere Gruppen beachten und in die Beziehung zu jenen Gruppen investieren, die ein begründetes Interesse am Unternehmen haben.

Kunden z.B. sollten in Hinsicht auf die Produktqualität und den Preis, auf Produktsicherheit und Umweltfragen bezüglich des Konsums, durch das Unternehmen in einem Stakeholder-Prozess mit einbezogen werden. Bei Mitarbeitern stellt sich die Frage hinsichtlich der Löhne und zusätzlichen Leistungen, die ein Unternehmen anbietet, wie z.B. Versicherungen, Kinderbetreuung, sowie Aus- und Weiterbildung. Lieferanten dagegen stellen für ein Unternehmen einen potentiellen Stakeholder dar, mit welchem hinsichtlich der ökologischen und sozialen Leistungen ein Abgleich stattfinden könnte. Wenn sich ein Unternehmen hinsichtlich gewissen Standards verpflichtet, sollten konsequenter- und idealerweise auch seine Lieferanten diesen Ansprüchen genügen.[72]

---

[67] Vgl. Cragg, 2002, S. 114

[68] Vgl. Skrzipek, 2005, S. 50

[69] Vgl. Attas, 2004, S.312

[70] Vgl. ebd., S. 312

[71] Vgl. Wei-Skillern, 2004, S. 715

[72] Vgl. Hess, 2001, S. 315

Abbildung 6: *Anspruchsgruppen im Unternehmensumfeld – Stakeholder*
(Eigene Darstellung in Anlehnung an: Thompson/ Driver, 2005, S. 57)

Man sieht an diesen Beispielen, dass bezüglich jeder Gruppe im Unternehmensumfeld theoretisch gewisse Verbindungen zum Unternehmen hergestellt werden können. Besondere Aufmerksamkeit gilt außerdem der Umwelt und seit einiger Zeit den zukünftigen Generationen, die möglicherweise betroffen sein könnten. Dieser Sachverhalt wird im späteren Verlauf unter dem Stichwort „Nachhaltigkeit" noch aufgegriffen werden. Unzweifelhaft kann ein Unternehmen aufgrund von „Kapazitätsbeschränkungen"[73] nicht alle Stakeholder grenzenlos berücksichtigen. Es muss also eine Auswahl derjenigen Stakeholder getroffen werden, die ethisch oder ökonomisch berechtigt Interesse an der Unternehmensperformance haben. In den folgenden Kapiteln sollen Voraussetzungen und Möglichkeiten für die Implementierung des Stakeholder Ansatzes vorgestellt werden.

3.2.1 Voraussetzung für die Implementierung des Stakeholder-Ansatzes innerhalb der unternehmensethischen Diskussion

Damit der Stakeholder Ansatz auch zu einem ethischen Instrument im Unternehmen wird, muss er nach *ATTAS*[74] vier Voraussetzungen erfüllen:

---

[73] Vgl. Karmasin/ Litschka, 2008, S. 145

[74] Vgl. Attas, 2004, S. 313 f.

(1) <u>Auf Grundlage ethischer Theorie</u>: Die zu ergreifenden Maßnahmen und die daraus resultierenden Erfahrungen müssen auf der Erkenntnis eines moralischen Mangel-zustands aufbauen und dürfen vorrangig[75] nicht als „Mittel zum Zweck" für die Förderung unternehmerischer Interessen genutzt werden.

(2) <u>Eingrenzung legitimer Stakeholder</u>: Nicht jede Gruppe, die potentiell dazu geeignet wäre, Ansprüche an ein Unternehmen zu stellen, darf letzten Endes auch in den Prozess mit einbezogen werden, da dies ein Unternehmen vor unüberbrückbare Schwierigkeiten stellen würde.

(3) <u>Legitimität der Stakeholder aufgrund moralischer Argumente</u>: Die Legitimität der Stakeholder sollte nicht ausschließlich auf ihren Besitzansprüchen aufbauen, sondern moralische Verflechtung mit Unternehmen als Grundlage nutzen.

(4) <u>Forderungen der Stakeholder sind nicht universell</u>: Ansprüche der Stakeholder sind nicht allgemeingültig, d.h. sie können nicht von jedem an ein Unternehmen gestellt werden und sind nicht endlos haltbar.

Wenn diese Voraussetzungen erfüllt werden, ist es ersichtlich, dass der Stakeholder Ansatz, als Managementansatz, eine ethische Dimension hat. Der Beziehungsgeflechte, in welchen sich die Interessengruppen mit dem Unternehmen befinden, sind nicht nur rein vertraglich definiert, da man sonst sehr leicht auf den Shareholder Value Ansatz zurückfallen könnte.[76] Vielmehr leitet sich der Einbezug der Stakeholder in den unternehmerischen Entschei-dungsprozess aus der theoretischen Erkenntnis einer moralischen Verpflichtung gegenüber diesen Stakeholdern ab.

3.2.2 Vorgehensweise bei der Implementierung des Stakeholder Ansatzes innerhalb der unternehmensethischen Diskussion

Bis jetzt ging es darum zu zeigen, was den Stakeholder Ansatz ausmacht und welche Aspekte im Allgemeinen beachtet werden sollten, damit sich daraus eine Maßnahme für die ethische Unternehmensführung entwickelt. An dieser Stelle werden Schritte vorgestellt werden, die zur Realisierung des Ansatzes in der Praxis dienen:[77]

---

[75] Anzumerken ist, dass eine ausschließliche Orientierung an moralischen Beweggründen, ohne Aussicht auf einen gewissen Nutzenrückfluss für das Unternehmen, auszuschließen ist.

[76] Vgl. Attas, 2004, S. 315

[77] Zusammenstellung der einzelnen Schritte: Vgl. Karmasin/ Litschka, 2008, S. 157; Attas, 2004, S. 316 f.

(1) Identifizierung der möglichen Stakeholder

Zum Anfang müssen mögliche Stakeholder erkannt werden. Dies kann mittels Stakeholder Mapping geschehen, bei dem intern im Unternehmen mögliche Stakeholder erfasst werden.[78] Eine allgemeine „Stakeholder Map" zeigt Abb. 6. Zu beachten ist natürlich, dass von Unternehmen zu Unternehmen, von Branche zu Branche unterschiedliche Adressaten unternehmerischer Verantwortung in Frage kommen, weswegen die vorgestellte Stakeholder Map nur ein möglicherweise unvollständiges und allgemeines Beispiel darstellen soll.

Möglichkeiten neue, bisher unbekannte Stakeholder zu erkennen, bieten die „Social Issues Analysis" und die „Produktlebenszyklusanalyse".[79] Erstere prüft gesellschaftspolitische Probleme[80] und die Tatsache, ob ein Unternehmen durch seine Handlungen zur Verschärfung dieser beitragen kann. Anhand einer solchen Analyse lassen sich Gruppen identifizieren, welche vom Mangelzustand betroffen sein könnten. Bei der Produktlebenszyklusanalyse werden den einzelnen Lebensphasen eines Produkts negative externe Effekte zugeordnet. Sind diese definiert, kann man ferner potentielle Stakeholder bestimmen, welche betroffen sein könnten.

Auf Grundlage einer fertigen Stakeholder Map besteht die Möglichkeit die Stakeholder nach Gruppen einzuteilen und ihnen so gewisse Attribute zuzuordnen. Stakeholder können als primäre und sekundäre, interne und externe, aktuelle und potentielle, vertraglich gebundene und öffentliche, aktive und passive oder feindlich und nicht feindlich gesinnte abgegrenzt werden.[81] Interne Stakeholder sind Individuen oder Gruppen, die im direkten Bezug zur Unternehmensführung stehen, also durch diese repräsentiert werden und den Entscheidungen dieser direkt unterstellt sind.[82] Zu nennen sind z.B. Manager, Mitarbeiter und Shareholder. Der Rest, also jene Stakeholder, die nicht direkt der Unternehmensleitung untergeordnet sind, wie z.B. Kunden und Lieferanten, sind den externen Stakeholdern zuzuordnen. Primäre und sekundäre hingegen unterscheiden sich durch ihren Beitrag zur Erreichung des Unternehmenszwecks. Primäre können die Vorgehensweise des Unternehmens beeinflussen und sind in gewisser Weise überlebenswichtig. Zu dieser Gruppe zählen unter anderem Kunden und

---

[78] Vgl. Andersen et al., 2008, S. 32

[79] Vgl. Göbel, 2006, S. 122

[80] Gemeint sind Probleme, wie hohe Arbeitslosigkeit, Überalterung der Bevölkerung, Umweltverschmutzung, Ausbeutung von Entwicklungsländern usw.. Vgl. Göbel, 2006, S. 122

[81] Vgl. Skrzipek, 2005, S. 48

[82] Vgl. Moser, 2009, S. 21

Mitarbeiter. Sekundäre haben zwar ein berechtigtes Interesse am Unternehmen, ihre Beachtung ist jedoch für das Unternehmen nicht essentiell, womit z.b. der Staat und die Öffentlichkeit gemeint sein könnten.[83] Die aktuellen Stakeholder sind jene, die zum Untersuchungszeitpunkt eine Anspruchsgruppe gegenüber dem Unternehmen darstellen. Potentielle könnten z.B. zukünftige Generationen sein. Vertraglich gebundene Stakeholder sind definitionsgemäß durch Verpflichtungserklärungen an ein Unternehmen gebunden, wie z.b. Mitarbeiter und Shareholder. Öffentliche hingegen haben keinen rechtlichen Anspruch an das Unternehmen. Durch die verschiedenen Einteilungsmöglichkeiten lässt sich eine detailliertere Map erstellen. Feindlich und nicht feindlich gesinnte Stakeholder können z.b. in einer Stakeholder-Matrix abgebildet werden.[84] Diese Abbildungsweise gibt schnell einen gewissen Überblick, welche Stakeholder Macht und Einfluss gegenüber dem Unternehmen haben und welche Normstrategien zur Bearbeitung welcher Stakeholder möglich sind. Jedoch wäre dies eine instrumentelle Sichtweise des Stakeholder Ansatzes und keine ethische, denn die Legitimität der Stakeholder sollte nicht durch Machtansprüche gegenüber dem Unternehmen begründet werden, sondern durch moralische Verflechtungen[85], denn „für das Stakeholdermanagement in ethischer Absicht ist [...] nicht entscheidend, von wem die Unternehmung abhängt, sondern wer sich durch das unternehmerische Handeln [...] betroffen fühlt"[86]

(2) Prüfung der Interessen und Argumente der Stakeholder

Hat man die potentiellen Stakeholder identifiziert, muss man nachfolgend untersuchen, welche Argumente diese Gruppen aufzuweisen haben, damit eine Berücksichtigung aus unternehmerischer Sicht sinnvoll erscheint. Zweckmäßig erscheint es zu prüfen, welche Nachteile sie durch unternehmerisches Handeln erwarten, auf welcher Grundlage sie ihre Anliegen vortragen und wieso gerade spezielle Stakeholder meinen, vom Unternehmen betroffen zu sein.

Antworten auf jene Fragen lassen sich mittels „Medienanalyse, Interviews, Erhebungen und anderen sozialwissenschaftliche Methoden"[87] finden. Eine Möglichkeit die Argumentation der

---

[83] Vgl. Dießl, 2009, S. 49

[84] Siehe als Beispiel Abb. A1 im Anhang

[85] Damit wäre Punkt (3) aus Kapitel 3.2.1 – „Legitimität der Stakeholder aufgrund moralischer Argumente" – erfüllt, was eine Voraussetzung dafür darstellt, dass der Stakeholder Ansatz ein ethischer ist.

[86] Vgl. Göbel, 2006, S. 121

[87] Vgl. Karmasin/ Litschka, 2008, S. 159

Stakeholder nachzuvollziehen, liegt darin, sich in einen Dialog mit diesen zu begeben, was dem Prinzip der Diskursethik[88] folgt.

ROLOFF[89] unterscheidet dabei zwischen kommunikativem Handeln in monologischer und dialogischer Ausprägung. Bei kommunikativem Handeln im Rahmen des Stakeholder Prozesses handelt es sich um die Berücksichtigung von Anliegen der Stakeholder, aufgrund der Legitimität ihrer moralischen Ansprüche. Das Unternehmen tritt nicht aus reinem Selbstinteresse an Nutzenmaximierung in den Dialog. Idealerweise vollzieht sich dieser über einen gegenseitigen, unvoreingenommenen Austausch von Argumenten.

- Monolog: Der Meinungsaustausch findet in einem fiktiven Dialog, „im Sinne eines sich Hineinversetzens in die Standpunkte anderer und Übernahme ihrer Positionen"[90] statt. Eine aktive Teilnahme der Stakeholder am Dialog findet nicht statt, jedoch werden ihre Anliegen auf Grundlage vorher gesammelter Daten vertreten. Diese Methode bietet die Möglichkeit mehrere Parteien an einen Tisch zu bringen, ohne dabei großen Aufwand zu betreiben.

- Dialog: Tritt ein Unternehmen tatsächlich in den Dialog mit den Stakeholdern ein, so ist das Ziel, eine für beide Seiten tragfähige Lösung zu finden.[91] Außerdem erscheint es möglich, dass das Unternehmen über einen solchen Meinungsaustausch mit den Stakeholdern, in einen Dialog mit sich selbst tritt und die eigene Vorgehensweise überdenkt. Zwecks Übersichtlichkeit und Machbarkeit sollte dieser Diskurs mit Stellvertretern einzelner Gruppen vollzogen werden, wie z.B. Vebraucherschutzorganisationen, Gewerkschaften oder NGOs.

Ziel dieser kommunikativen Vorgehensweise innerhalb des Stakeholder Ansatzes ist es, die verschiedenen, manchmal konträren Ansichtsweisen in Übereinstimmung zu bringen und bei den Stakeholdern eine positive Grundeinstellung zum Unternehmen zu fördern.

(3) Bewerten und gegeneinander abwägen der Ansprüche relevanter Stakeholder

Kommt man in einem kommunikativen Austausch von Argumenten zu einem Konsens, so hat man bereits eine gewisse Bewertung und ein gegeneinander Abwägen erreicht. Ist dieser Konsens jedoch nicht erlangt, muss man sich mit den Argumenten der Stakeholder hinsichtlich ihrer Legitimität auseinandersetzen.

---

[88] Die Diskursethik besagt, dass das richtig ist, was „den Konsens aller finden kann". Der Konsens oder anders gesagt die Übereinkunft basieren auf dem Austausch von Argumenten. Vgl. Gottschalk-Mazouz, 2000, S. 16

[89] Vgl. Roloff, 2002, S. 79 ff.

[90] Vgl. ebd., S. 80

[91] Vgl. ebd., S. 84

Die Ansprüche sind legitim, wenn sie „im normativen Sinne als gültig anzusehen sind"[92]. Unterschieden wird zwischen ökonomisch-strategischer und ethischer Bewertung. PHILLIPS[93] nennt dies die normative und derivative, also abgeleitete Legitimität. Normative Legitimität ergibt sich aus einer moralischen Verpflichtung des Unternehmens, sich gegenüber seinen Stakeholdern fair zu verhalten. Ethische Grundlagen werden hier vorzugsweise herangezogen um normative Legitimität zu beweisen. Beispiele sind die Menschenrechte, Nachhaltigkeit in ökologischen Fragen oder Gleichstellungsgebote von Minderheiten.[94] Im Prinzip kann jede ethische Theorie herangezogen werden, die moralisch anerkannte Normen hervorbringt, um gewisse Ansprüche zu legitimieren.

Derivative Legitimität hingegen leitet sich aus der Tatsache ab, dass jene Gruppen beachtet werden müssen, die potentiell Auswirkung auf die Unternehmensperformance haben können. Hier könnte man auch von ökonomisch-strategischer Legitimität sprechen. Es ist die, für Erreichung der Unternehmensziele instrumentalisierte Legitimität. Somit handelt es sich also vorzugsweise um Stakeholder, die Werttreiber für das Unternehmen sind.[95] Möglichkeiten zur Messung dieses ökonomischen Werts der Stakeholder ergeben sich aus dem Stakeholder Value, dessen Berechnung vorrangig von FIGGE/ SCHALTEGGER[96] operationalisiert wurde. Innerhalb der ethischen Unternehmenstheorie muss auf diesen beiden Begründungswegen ein Ergebnis bzgl. legitimer Stakeholder erreicht werden. Nach ethischen Gesichtspunkten ist eine normative Begründung der Legitimität der einzig richtige Weg, jedoch wäre der Stakeholder Ansatz unvollständig, wenn man die Anspruchsgruppen umgehen würde, die einen signifikanten Einfluss auf die Erreichung der Unternehmensziele haben, womit der derivative Weg gemeint ist.[97]

3.2.3 Stakeholderdialog – Praxisbeispiel

Ein positives Beispiel der Bereitschaft zum Dialog mit seinen Stakeholdern stellt die Telekom dar. 2008 und 2009 lud sie zum gemeinsamen Gespräch in Bonn. Über 40 Vertreter aus verschiedenen Bereichen kamen zusammen, um über Bereiche, wie Energieeffizienz,

---

[92] Vgl. Göbel, 2006, S. 129

[93] Vgl. Phillips, 2003, S. 25 ff.

[94] Vgl. ebd., S. 30

[95] Vgl. Göbel, 2006, S. 129

[96] Vgl. Figge/ Schaltegger, 1999, S. 17 ff.; Wie man den Stakeholder Value berechnet lässt sich ebenfalls entnehmen bei: Vgl. Karmasin/ Litschka, 2008, S. 159 f.; Vgl. Skrzipek, S. 67 ff.

[97] Vgl. Phillips, 2003, S. 30

Arbeitsbedingungen, Lieferantenmanagement oder Entsorgungsmanagement zu beraten.[98] Seitdem soll der „Stakeholder Dialog Day", welcher von den Stakeholdern positiv bewertet wurde, jedes Jahr stattfinden.

3.3 Verantwortungsübernahme im Rahmen von Corporate Social Responsibility und Corporate Citizenship

Wie ein Unternehmen den ersten Schritt hin zu einem „guten" Unternehmen macht, wurde durch die Erweiterung der Anspruchsgruppen um legitime Stakeholder bereits gezeigt. Jedoch ist das Bewusstsein, man müsse Verantwortung übernehmen und die Kenntnis relevanter Anspruchsgruppen nur ein Anfang. Es sind Maßnahmen zu treffen, die dem aufmerksamen Betrachter zeigen, dass ein Unternehmen sich engagiert. Somit sollen im Folgenden zwei Konzepte vorgestellt werden, die mitunter den Stakeholder Ansatz aufgreifen.

3.3.1 Corporate Social Responsibility

Corporate Social Responsibility (CSR), ist ein Konzept, welches sich innerhalb der Unternehmensethik als angewandter Ethik ansiedelt. Es setzt sich eingehender mit der Verantwortungsübernahme eines Unternehmens auseinander. Obwohl eine einheitliche Definition in der Breite der Literatur nicht zu finden ist, berufen sich die meisten Autoren auf das Grünbuch der Kommission der europäischen Gemeinschaft, die CSR als ein Konzept definiert, „das den Unternehmen als Grundlage dient, auf freiwilliger Basis soziale Belange und Umweltbelange in ihre Unternehmenstätigkeit und in die Wechselbeziehung mit den Stakeholdern zu integrieren."[99] Das Augenmerk liegt eindeutig darauf, dass es ein freiwilliges Konzept ist, d.h. CSR Engagement entwickelt sich nicht aus einem rechtlichen Zwang heraus und Unternehmen können demonstrativ ihren guten Willen zeigen.

Eng verbunden mit dem CSR Konzept ist die Forderung einer nachhaltigen Entwicklung (engl. Sustainability). Bei der Beschreibung etwaiger Stakeholder schon angerissen, ist die Forderung von Nachhaltigkeit im Bereich der CSR ein Hauptanliegen. Es erweitert die gegenwärtige soziale und ökologische Verantwortung von Unternehmen um die Anliegen zukünftiger Generationen.[100] Die Debatte um nachhaltige Entwicklung innerhalb der CSR endet jedoch nicht mit sozialen und ökologischen Aspekten. Optimal ausgerichtet und somit

---

[98] Vgl. o.V., Deutsche Telekom AG, o.J.

[99] Vgl. Kommission der europäischen Gemeinschaften, 2001, S. 7

[100] Die erste Definition nachhaltiger Entwicklung stammt aus einem Bericht der UNO: „Sustainable development implies meeting the needs of the present without compromising the ability of future generations to meet their own needs." Vgl. o.V., UN General Assembly, 1987

nicht zugänglich für Kritik der Shareholder als auch der übrigen Stakeholdern ist CSR erst, wenn es ebenfalls die ökonomische Nachhaltigkeit beachtet. Ziel ist es, eine „Win-Win-Win"[101] Situation für alle drei Bereiche zu erreichen. Es geht nicht nur darum wahllos CSR Aktivitäten durchzuführen, sondern CSR einer strategischen Ausrichtung[102] auszusetzen. Diesbezüglich seien alle Unternehmensbereiche hinsichtlich der Chancen eines CSR Engagements hin zu prüfen, um mögliche Vorteile gegenüber Konkurrenten generieren zu können. Die Fähigkeit sowohl ökonomische als auch soziale und ökologische Aspekte in einer Strategie zu verbinden, wird als großer Vorteil der CSR gesehen.

CARROLL hat ein Verständnis von CSR entwickelt, das in der Literatur meist in ähnlicher Weise übernommen wird. Auch er weist darauf hin, dass gerade der wirtschaftliche Aspekt, als Ausgangspunkt der CSR wichtig ist, um das finanzielle Fundament zu besitzen, die folgenden Stufen in Angriff zu nehmen. Die zweite Stufe verlangt vom Unternehmen, sich an die Gesetze und Regeln zu halten. Diese beiden ersten Stufen der Pyramide werden als notwendig angesehen. Die dritte Stufe fordert vom Unternehmen sich im Austausch mit seiner Umwelt fair zu verhalten und Verantwortung zu übernehmen. Es ist zwar keine Grundvoraussetzung, wie die vorherigen Stufen, wird jedoch vom Umfeld des Unternehmens erwartet. Schließlich die letzte Stufe, auf welcher Unternehmen ausschließlich altruistisch geprägt sind. Gutes soll aus eigener Initiative getan werden, ohne dass Stakeholder etwas einfordern müssen. Damit kann man CSR mit einer verantwortlichen Unternehmensführung vergleichen, welche sich auf die vier Stufen der Pyramide stützt.

Abbildung 7: *Die Pyramide der Corporate Social Responsibility*

(Eigene Darstellung in Anlehnung an: Schwartz/ Carroll, 2003, S. 304; Enderle, 2004, S. 53 ff.)

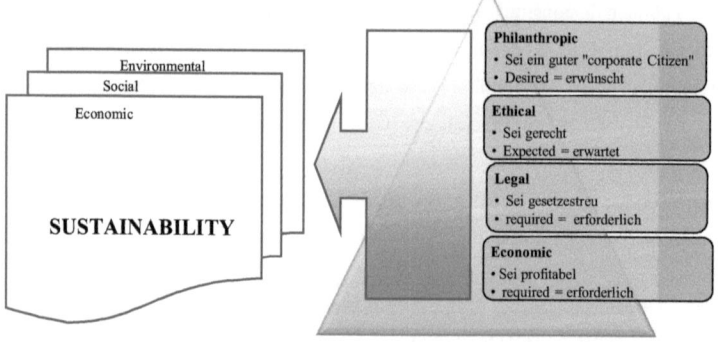

---

[101] Vgl. Rathner, 2008, S. 307

[102] Vgl. ebd., S. 307

3.3.2 Corporate Social Responsibility – Implementierung

Anhand zweier Beispiele hat *ENDERLE* CSR Aktivitäten in der Praxis genauer betrachtet. Das erste untersuchte Unternehmen, die „Rohner Textil AG"[103], produziert umweltfreundliche Bezugsstoffe für den Haus- und Bürogebrauch. Seit 1987 hat das Unternehmen erfolgreich umweltfreundliche Programme eingeführt, wofür es zahlreiche Auszeichnungen erhalten und neue Umweltstandards auf diesem Gebiet gesetzt hat.[104] Das zweite Unternehmen, die „Grameen Bank"[105] aus Bangladesch, hat es sich zur Aufgabe gemacht, anfangs auf nationaler Ebene, später global, Mikrokredite an sozial schwache Haushalte und Einzelpersonen zu vergeben, die unter der offiziellen Armutsgrenze leben und für andere Banken nicht kreditwürdig erscheinen. Mit Hilfe dieser Mikrokredite haben ein Drittel der Grameen Familien die Armutsgrenze überschritten, Kinder aus solchen Familien genießen eine bessere Bildung und die Sterberate in solchen Familien hat sich vermindert.[106]

Als Ergebnis seiner Untersuchung der beiden Unternehmen wurden Empfehlungen für eine erfolgreiche Implementierung der CSR formuliert, die nachfolgend aufgeführt sind.[107]

Zu allererst ist es wichtig ein Produkt zu entwerfen und anzubieten, welches in ökologischer, sozialer und ökonomischer Hinsicht nachhaltig ist. Verwender, die ein Bewusstsein für solche Produkte haben werden sehr positiv darauf reagieren. Ferner sollte in die Zufriedenheit der Kunden und Mitarbeiter investiert werden. Das Unternehmen muss glaubhaft demonstrieren, dass es die Anliegen dieser Stakeholder sehr ernst nimmt. Dabei sind die lokalspezifischen Eigenheiten des Umfeldes von größter Bedeutung. Schafft es ein Unternehmen sich in die lokalen Strukturen zu integrieren und seine ökologische und soziale Verantwortung wahrzunehmen, wird es umso mehr auf globalem Level wettbewerbsfähig sein. Dabei soll aus diesem Ablauf gelernt werden. Erkenntnisse, die man zieht, eröffnen dem Unternehmen neue Möglichkeiten und sichern die kontinuierliche Fortsetzung des eingesetzten Prozesses. Um eine Balance zwischen ökologischer, sozialer und ökonomischer Nachhaltigkeit zu erreichen, reicht es jedoch nicht aus punktuell zu agieren. Die Strategische Ausrichtung des Unternehmens sollte deswegen genauso nach diesen Leitlinien ausgerichtet werden, wie das

---

[103] Vgl. o.V., Climatex, o.J.

[104] Vgl. Enderle, 2004, S. 58, Man erkennt an diesem Beispiel ebenfalls, dass Unternehmen angehalten sind, über ihr Handeln an der übergeordneten Makroebene teilzuhaben, um eine Optimierung der Rahmenbedingungen zu erreichen.

[105] Vgl. o.V., Grameen Bank, o.J.

[106] Vgl. Enderle, 2004, S. 58

[107] Vgl. ebd., S. 60 f.

31

Alltagsgeschäft, damit die Nachhaltigkeit zu einer wichtigen Säule der Unternehmenstätigkeit wird. Schließlich empfiehlt *ENDERLE* engagierten Unternehmen, sich von unabhängigen Prüfern hinsichtlich der eigenen Stärken und Fähigkeiten bewerten zu lassen, um eine transparente Unternehmensführung zu gewährleisten und zu kommunizieren.[108]

Ähnliche Empfehlungen sprechen *PERRINI/ MINOJA*[109] als Ergebnis einer Untersuchung von CSR Aktivitäten in mittelständischen italienischen Unternehmen aus. Dennoch bleibt es schwer konkrete Aktivitäten zu nennen, die allgemeingültig als erfolgreich einzustufen wären, da CSR ein sehr flexibles Modell ist und dabei in verschiedene Bereiche eindringt.

3.3.3 Corporate Citizenship

In der Pyramide der CSR (Abb. 7) besagt der letzte Punkt, dass ein Unternehmen im Sinne einer philanthropischen[110] Verantwortung ein guter Corporate Citizen sein soll. Es ist die Spitze der Pyramide des CSR Konzeptes und damit ein Teil davon und wird in der Literatur allgemein als Corporate Citizenship ((CC), dt. unternehmerisches Bürgerengagement) bezeichnet. Hinsichtlich der Erwartungshaltung der Gesellschaft gegenüber Unternehmen ist CC ein Konzept, welches erwünscht ist, aber nicht als zwingend angesehen werden muss. Der, in der Bezeichnung zugewiesene Status eines Bürgers bedeutet für das Unternehmen, wie für das Individuum, welches z.B. Steuern zahlen muss, dass es an der Förderung der gesellschaftlichen und wirtschaftlichen Entwicklung teilhaben soll. Dies kann über eine Zuteilung betrieblicher Ressourcen, sei es denn finanzielle Hilfe, Humankapital oder betriebliches Know-How, geschehen.[111] Es geht nicht bloß um eine moralische Handlung und das sich Rühmen mit dieser, mit dem Ziel Imagegewinne zu erzielen, sondern um die Übernahme von Verantwortung in Bereichen der Gesellschaft, wo das Unternehmen seine Ressourcen zielführend einsetzen kann und eine Kommunikation dieses moralischen Attributs an die Gesellschaft.

3.3.4 Corporate Citizenship – Implementierung

An der Mehrdimensionalität der Abb. 8 erkennt man, wie ein CC Modell ausgerichtet werden sollte, welche Instrumente einem Unternehmen zur Verfügung stehen, in welche Bereiche des

[108] Vgl. Enderle, 2004, S. 60

[109] Vgl. Perrini/ Minoja, 2008, S. 53 ff.

[110] Wörtlich bedeutet Philanthropie „Menschenliebe". In dem Zusammenhang wird darunter vom Sinn her „das freiwillige, nicht gewinnorientierte Geben von Zeit oder Wertgegenständen für öffentliche Zwecke verstanden." Vgl. Haibach, 2008, S.91

[111] Vgl. Wieland, 2003, S. 20

Unternehmensumfeldes investiert werden kann und welche Gruppen dem Unternehmen als Partner zur Verfügung stehen, um ein möglichst zielführendes CC Engagement zu erarbeiten. Vor allem aber der strategische Charakter eines CC Engagements soll in den Vordergrund treten, wodurch man, wie bei dem CSR Konzept Win-Win-Win Situationen erreichen kann. In dem Fall bedeutet strategisch, dass ein CC Programm und etwaige Unternehmensbereiche aufeinander abgestimmt werden. Personalabteilungen stellen Mitarbeiter für gemeinnützige Programme zur Verfügung, Finanzabteilungen vergeben betriebliches Kapital, um diese organisieren zu können und Forschungs- und Entwicklungsabteilungen versuchen sozial-innovative Problemlösungskonzepte zu erarbeiten.[112] PR und Marketing sind dafür zuständig, Aktivitäten des Unternehmens zu begleiten und diese an ethisch sensible Zielgruppen zu kommunizieren.

Abbildung 8: *Spiel-„Feld" für Corporate Citizenship*

(Vgl. Habisch et al., 2008a, S.4)

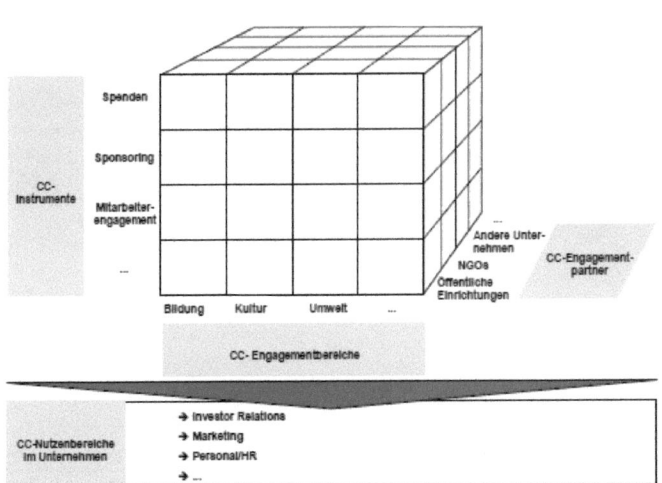

Das Engagement, wie schon angerissen, kann sich in vielerlei Formen entwickeln. Spenden und Sponsoring werden als häufigste Möglichkeiten genannt. Stiftungen sind ebenfalls ein Mittel, stellen jedoch ein unternehmensexternes Instrument dar, das vom Kerngeschäft des Unternehmens getrennt fungiert. Diese Instrumente sind allerdings nur eine Art „Prolog" oder

---

[112] Habisch/ Schmidpeter, 2008a, S. 50

Vorspiel der tatsächlichen Wechselbeziehung zu den Stakeholdern und sollen Verbundenheit und Entgegenkommen demonstrieren.[113] Volunteering und Partnerships hingegen stellen das Unternehmen auf eine Ebene mit dem Bürger. Die Wechselbeziehung definiert sich durch eine gemeinsame Zielverfolgung, nämlich die Lösung gesellschaftlicher Probleme, wobei Unternehmen ihr Know-How einbringen können. Der Status eines Corporate Citizenship wird dann nachhaltig und endgültig zugewiesen, wenn man zur Schaffung einer sozial- und ökofreundlichen Realität beiträgt. Durch das Social Lobbying z.B. wird eine ethische Optimierung der Rahmenordnung angestrebt und Bündnisse können zu neuen moralischen Wirtschaftsstandards oder zum Abschluss wegweisender internationaler Verträge führen.[114] In Tabelle 2 sind der Übersicht halber die wichtigsten Instrumente aufgelistet.

Tabelle 2: *Übersicht verschiedener CC-Instrumente*

(Eigene Zusammenstellung: Vgl. Habisch et al., 2008b, S. 209 ff., S. 217 ff., S. 241 ff., S. 277 ff., S. 307 ff., S. 321 ff.)

Instrument	Zweck
Corporate Giving	• Spenden mit ethisch motiviertem Ziel
Social Sponsoring (finanzielle Unterstützung)	• Finanzielle Förderung von Einrichtungen zur Verbesserung des Gemeinwohls • Unterstützung von Sozial- und Gesundheitsprojekten, Bildungseinrichtungen und Umweltinitiativen.
Corporate Foundations (Stiftungen)	• Schaffung einer eigenen Körperschaft, die sich gezielt mit der Finanzierung von Problemlösungen im Unternehmensumfeld beschäftigt
Corporate Volunteering (unternehmensgestütztes Mitarbeiterengagement)	• Mitarbeiter werden anstatt von finanzieller Zuwendung entsendet und in Form von: Projektwochen, Freistellungen, Secondments (Entsendung mit dem Ziel betriebliches Fachwissen zu nutzen – Transfer von Know-How) eingesetzt.
Public Private Partnership (öffentlich-private Partnerschaft)	• Zusammenarbeit mit gemeinnützigen Organisationen im näheren Umfeld des Unternehmens • Ziel ist synergetisch das Gemeinwohl zu maximieren
Lokale Bündnisse	• Zusammenschluss mit Partnern aus der Kommune • In Form von Netzwerken, runden Tischen, sowie Kooperationen
Social Lobbying Lobbying (Interessenvertretung) für soz. Anliegen	• Ausnutzen von politischen Einflussmöglichkeiten für gemeinnützige Vorhaben

---

[113] Vgl. Habisch/ Schmidpeter, 2008a, S. 48

[114] Vgl. ebd., S. 49

Man erkennt, dass eine Vielzahl von Möglichkeiten besteht, sich im Sinne einer philanthropischen Verantwortung für das Unternehmensumfeld einzusetzen. Sie dienen vom Zweck her gemeinnützigen, meist lokalen Aufgaben, mit einer überregionalen Zielrichtung.

Die dritte Dimension zeigt Gruppen auf, die sich mit verschiedenen gesellschaftlichen oder ökologischen Schieflagen auf lokaler, nationaler und globaler Ebene beschäftigen und sich dafür einsetzen diese Probleme zu beseitigen.

Für die Unternehmen besteht im Rahmen lokaler Bündnisse und Public Private Partnerships die Möglichkeit, sich mit solchen Organisationen zusammenzuschließen, um gemeinsam, Synergiepotentiale ausnutzend, Probleme zu lösen. Diese möglichen Kooperationspartner verfügen oft über ein problemspezifisches Know-How, welches den Unternehmen nicht zur Verfügung steht.[115] Die Unternehmen bringen ihrerseits, wie geschrieben, unternehmensspezifische Ressourcen in die Kooperationsgemeinschaft ein.[116] Die optimale Situation für ein Unternehmen ist dabei jene, in der das CC Engagement eng mit der ursprünglichen Unternehmenstätigkeit verbunden ist. Fördert man Forschungseinrichtungen, welche im ökologischen Bereich tätig sind, wäre es ideal, wenn die Forschungsergebnisse u.a. die Energieeffizienz eines Unternehmens verbessern würden.

Abschließend sind zwei Aspekte zu nennen. Erstens liegt der eigentliche Zweck des CC Engagements in der Beseitigung gesellschaftlicher Schieflagen, was nicht vergessen werden sollte. Zweitens sollte ein Unternehmen vorsichtig sein. Wenn man sich engagiert und sich u.U. einen Nutzenrückfluss erhofft, sollte die ursprüngliche Unternehmenstätigkeit auf diesem Gebiet nicht außen vor gelassen werden.[117] Glaubhaft ist CC Engagement erst, wenn das Unternehmen in Bereichen, in die es investiert, selbst eine vorbildliche Stellung ein-nimmt. Diese Annahme deckt sich mit der in Struktur der Pyramide in Abb. 7.

3.3.5 Corporate Social Responsibility – Bewertung

Es stellt sich die Frage nach der Sinnhaftigkeit von CSR, sowohl für das unternehmerische Umfeld, als auch für das Unternehmen selbst. Es sei angenommen, dass die ergriffenen Maßnahmen, wie z.B. Investitionen in die Verbesserung der Energieeffizienz oder in humane Arbeitsbedingungen für die Gesellschaft und die Ökologie tatsächlich nutzenstiftend sind. Nicht nachvollziehbar bleibt jedoch auf den ersten Blick, ob und in welcher Form CSR für ein Unternehmen selbst nutzenstiftend ist. Kritiker verweisen vorwiegend darauf, dass CSR nicht

---

[115] Vgl. Habisch et al., 2008a, S. 10

[116] Vgl. ebd., S. 11

[117] Vgl. ebd., S. 13

strategisch und aus Eigeninitiative implementiert wird, sondern reaktiv, auf die vorgetragenen Anliegen der Anspruchsgruppen. Dies führe nicht zu einer nachhaltigen Entwicklung, wie es das erklärte Ziel eines CSR Engagements ist. Positive Effekte auf das Unternehmen sind demnach nicht realistisch, sondern Absichtserklärungen im Sinne eines Wunschdenkens. Dieses Wunschdenken, so ein weiterer Kritikpunkt, sei der einzige Grund, weshalb Unternehmen sich sozial und ökologisch engagieren.

Demgegenüber argumentieren Befürworter, CSR habe einen positiven Effekt auf die Wettbewerbsstellung des Unternehmens. Dies ist nicht verwerflich, da somit eine allgemein erwünschte Win-Win-Win Situation entsteht. Unternehmensleitungen sehen in Auswirkungen einer CSR Ausrichtung und positiven Effekten auf die ökonomische Situation, sich gegenseitig ergänzende und verstärkende Resultate. Für einige ist die ökonomische Nachhaltigkeit sogar Priorität und eine Grundvoraussetzung für die Einführung eines CSR Engagements.[118]

Verschiedene Versuche wurden unternommen, um positive Rückflüsse aus einem CSR Engagement zu beweisen. Einige Erkenntnisse sollen an dieser Stelle aufgeführt werden.

In der Diskussion um die Auswirkungen wird oftmals über eine Generierung von Wettbewerbsvorteilen durch CSR gesprochen. Geschäftsleitende Angestellte, also jene Persönlichkeiten, die einen Überblick über den Geschäftsstand haben, sprechen sich mehrheitlich dafür aus, dass CSR Aktivitäten sich positiv auf den Unternehmenserfolg auswirken.[119]

Jedoch ist die Frage, auf welche Faktoren im Unternehmen sich ein CSR Engagement auswirkt, die entscheidend für unternehmerische Wertschöpfung sind. Vertrauensaufbau[120] im Rahmen des Stakeholder Managements ist ein Weg, um positive Effekte auf Unternehmen zu erklären. Durch die Erhöhung der Kundenzufriedenheit und der damit einhergehenden Verbesserung der Reputation, sollten sozial engagierte Unternehmen ein Vorteil gegenüber Wettbewerbern erzielen können. Damit ist Vertrauen der Stakeholder, welches als elementar für Geschäftsverhältnisse gesehen wird, die erste Folgewirkung von CSR Aktivitäten auf Unternehmen.[121] Empirisch belegbar zeigte sich dies anhand einiger Studien, die aufzeigten, dass CSR einbindende Firmen dort Wettbewerbsvorteile generieren können, wo die Bearbeitung sozialer oder ökologischer Belange erwartet wird und Vertrauen für die

---

[118] Vgl. Worthington et al., 2006, S. 101
[119] Vgl. ebd., S. 101
[120] „Vertrauen ist der Grad, in welchem der Treugeber seinem Treuhänder eine positive Haltung in einer riskanten Austauschsituation entgegenbringt", vgl. Wicks/ Berman, 2004, S. 143
[121] Vgl. Pivato et al., 2008, S. 4

Entwicklung des Käuferverhaltens ausschlaggebend ist.[122] Beziehungen zu Stakeholdern, die auf Vertrauen gründen, führen nämlich zu beachtlichen Gewinnsteigerung und Kostenminderungen, was sich in der sogenannten Corporate Financial Performance (CFP) niederschlägt.

Obwohl es für die Wirkungsmessung eines CSR Engagements einfacher ist Zwischenziele zu formulieren, wie den Vertrauensaufbau bei Stakeholdern, anstatt die direkte Wirkung auf die finanzielle Performance zu untersuchen, so gibt es Studien, welche den Versuch unternehmen, die direkte Verbindung von Corporate Social Performance (CSP) und CFP zu beleuchten. *MOORE/ ROBSEN*[123] haben eine Studie durchgeführt, wonach bei acht britischen Unternehmen geprüft wurde, wie sich Maßnahmen eines CSR Konzepts auf die finanzielle Performance auswirken. Die Studie ergab, dass eine positive Beziehung zwischen der Rentabilität eines Unternehmens und seinen Beiträgen für die Gesellschaft besteht. Wobei jene Unternehmen, die sich in ihrer Wachstumsphase befinden, welche sich durch steigende aber noch niedrige Gewinne auszeichnet, ihre Soziale Performance nicht erhöhen. Anders gesagt, werden Investitionen in soziale Performance erhöht, so sinkt in dieser Phase das relative Umsatzwachstum. Daraus lässt sich schließen, dass Unternehmen erst soziale Belange in ihre Strategie aufnehmen, wenn sie auf einem sicheren finanziellen Fundament stehen, bzw. sicher sein können, dass soziale Performance nicht negative monetäre Auswirkung haben wird. Verständlich, da ökologisches oder soziales Engagement oftmals hohe Investitionen erfordert. Dies bekräftigt die Annahme, mit Blick auf die ökonomische Nachhaltigkeit, dass ein rein altruistisches Engagement nicht als sinnvoll bezeichnet werden kann.

Ebenfalls interessant ist die Feststellung, dass ergriffene Maßnahmen sich untereinander selbst verstärken. Dies ist für Unternehmen dahingehend interessant, als dass einmal eingeführte Maßnahmen, die Wirkung späterer Maßnahmen verstärken und es folglich sinnvoll erscheint CSR strategisch auszurichten, um größtmöglichen Nutzen zu generieren.

Auswirkungen auf die Unternehmensperformance hat ebenfalls eine Untersuchung der hundert besten „Corporate Citizens"[124], gelistet durch das „Business Ethics Magazin" gezeigt.[125] Aufgezählte Firmen wurden mit Unternehmen gleicher Branche und Größe

---

[122] Vgl. Pivato et al., 2008, S. 9; Barney/ Hansen, 1994, S.185; Beliveau et al., 1994, S. 735

[123] Vgl. Moore/ Robsen, 2002, S. 35

[124] Hier ist mit Corporate Citizenship nicht nur eine Wahrnehmung philanthropischer Verantwortung gemeint, sondern ein Verantwortungsübernahme im Sinne eines CSR Engagements.

[125] Vgl. Blazovich/ Smith, 2008, S. 16 ff.

verglichen, die nicht in dem Index aufgetaucht sind. Die Performance wurde hinsichtlich Rentabilität, Wachstum und der operativen Effizienz gemessen. Ergebnisse zeigen, dass die gelisteten Unternehmen rentabler arbeiten. Umsatz-, Anlage- und Eigenkapitalrendite waren bei diesen Unternehmen signifikant höher, ebenso wie Umsatzkosten signifikant niedriger waren. Höhere Wachstumsraten bei dem Betriebsergebnis und niedrigere Wachstumsraten bei den Umsatzkosten weisen auf ein insgesamt höheres Wachstum hin, was sich auf eine stärkere Zusammenarbeit mit Stakeholdern, wie Kunden und/ oder Mitarbeitern zurückführen lässt. Hinsichtlich der operativen Effizienz wurden der Lager- und der Debitorenumschlag gemessen und ebenfalls ein Vorteil auf Seiten der gelisteten Firmen festgestellt. Eine plausible Erklärung ist hier, dass Unternehmen auf Vertrauen basierende Verhältnisse mit den Zulieferern pflegen, die es ihnen ermöglichen, variabel zu bestellen, ohne Engpässe befürchten und große Mengen auf Lager halten zu müssen.

Auch *HAMANN ET AL.*[126] haben mit einer Studie gezeigt, dass Werte zusätzlichen Wert schaffen. Dazu wurden drei relevante Stakeholder identifiziert: Mitarbeiter, Kunden und die Gesellschaft. Besonders die Mitarbeiter reagieren als Stakeholder empfindlich auf Verantwortungsübernahme des Unternehmens. Dies ist konsistent mit der Annahme, dass Mitarbeiter einen der wichtigsten Faktoren im Wertschöpfungsprozess des Unternehmens darstellen und somit der Unternehmenserfolg unter anderem von ihnen abhängt.[127] Demnach haben Unternehmen einen Wettbewerbsvorteil gegenüber Konkurrenten, wenn sie Mitarbeitern z.B. Kinderbetreuung oder sichere Arbeitsbedingungen anbieten können. Dies äußert sich vor allem bei der Neugewinnung qualifizierter Arbeitskräfte.[128] Ähnliches zeigen die Ergebnisse in Hinsicht auf die Kunden. Preissensibilität, Kundenzufriedenheit und konstruktives Feedback sind positiv korreliert mit Maßnahmen, die die Kunden als Zielgruppe haben. Ausgehend von der Tatsache, dass Vertrauen, wie oben erklärt, die Firmenperformance beeinflusst, kann man damit rechnen, dass Verantwortungsübernahme durch das Unternehmen auch ökonomischen Wert für dieses schaffen kann.

Weitere Studien zeigten, dass CSR Engagement die Wahrscheinlichkeit negativer rechtlicher oder steuerlicher Maßnahmen des Staates mindern kann. Und dies wiederrum führt zu positiven Anlageempfehlungen unabhängiger Analysten, was zu höherer Wertschöpfung auf

---

[126] Vgl. Hammann et al., 2009, S. 37 ff. ; Ergriffene Maßnahmen und die Wirkungen mit ihren Korrelationen zeigen beispielhaft welche Werte zusätzliche Werte generieren. Siehe Tabelle B1 im Anhang.

[127] Vgl. ebd., S. 48

[128] Vgl. ebd., S. 40

dem Aktienmarkt beiträgt.[129] Ethik kann hiernach ein Wettbewerbsfaktor auf dem Finanzmarkt werden. Es ist ersichtlich das Wertsteigerungen bei Unternehmen aus vielen Faktoren abgeleitet werden können und weiterhin ist erkennbar, dass ein Großteil der Studien sich der Aussage anschließt, CSR Engagement könne zur zusätzlichen Wertschöpf-ung in Unternehmen beitragen.

3.3.6   Corporate Citizenship – Bewertung

Mit humanitärer Nächstenliebe ist Corporate Citizenship im Sinne der Philanthropie zu umschreiben. Für Unternehmen bedeutet dies, dass sie aus dem Bedürfnis wohltätig sein zu wollen heraus, natürlich ohne Bedingungen zu stellen, Maßnahmen zur Förderung des Gemeinwohls ergreifen sollen. Kann ein philanthropischer Einsatz seiner Ressourcen trotzdem aus strategischer Sicht nutzenstiftend für ein Unternehmen sein? Es vermag auf den ersten Blick schwer vorstellbar, da Ressourcen an externe Partner oder die Gesellschaft vergeben werden, ohne eine minimale Aussicht auf monetäre Rückflüsse.

Einer Studie unter 200 großen britischen Unternehmen zur Folge, behandeln Manager ihre CC Aktivität jedoch strategisch.[130] Es werden feste Budgets und Pläne für den Umgang mit Spenden festgelegt, sowie Komitees eingesetzt, welche die Verteilung dirigieren. Nebenbei wird die interne und externe Kommunikation bzgl. der CC Aktivität gefördert und sogar Unternehmenspolitische Maßnahmen mit dieser abgestimmt, um die Glaubwürdigkeit zu stützen.[131] Unternehmensleitungen sind folglich bestrebt ihre Aktivitäten in diesem Bereich zu planen und taktisch auszurichten, wodurch man zu der Schlussfolgerung kommen kann, dass sich auch gewisse Ziele dahinter verbergen.

HABISCH/ SCHMIDPETER[132] nennen vier Nutzenfelder, die Unternehmen aus dem CC Engagement ziehen können:

- <u>Beziehungsmanagement</u>: CC hat eine Signalwirkung für aktuelle und potentielle Stakeholder. Das Unternehmen zeigt die Bereitschaft mit ihnen zusammenarbeiten zu wollen.

---

[129] Vgl. Ionnou/ Serafeim, 2009, S. 17 ff. ; Ähnliche Ergebnisse zeigen, dass potentielle Investoren positiv auf CSR reagieren und gewillter sind in Unternehmen zu investieren, vgl. Rodgers et al., 2008, S. 26

[130] Vgl. Brammer et al., 2006, S. 239 ff.

[131] Arbeiten Unternehmen z.B. mit Forschungsinstituten zusammen, die effizientere Umweltschutzmöglichkeiten untersuchen, halten sich jedoch selbst nicht an CO_2 Standards, könnte dies ihre Glaubwürdigkeit untergraben.

[132] Vgl. Habisch/ Schmidpeter, 2008b, S. 59 ff.

- Informationsfunktion: Das Umfeld betreffende Informationen können schneller und kostengünstiger durch die Zusammenarbeit mit den Stakeholdern beschaffen werden. Information stellt hierbei eine knappe Ressource für das Unternehmen dar.

- Versicherungsfunktion: Bei möglichen negativen Effekten der Geschäftstätigkeit eines Unternehmens, kann dieses auf mildernde Umstände, bei der Bewertung, hoffen. Nachsicht kann von Medien, Behörden oder der Öffentlichkeit erwartet werden.

- Gestaltung von Veränderungsprozessen: Know-how unternehmensexterner Verbände und Organisationen kann durch das Unternehmen produktiv genutzt werden, in einem Umfeld, das einer ständigen Entwicklung, im Rahmen des Globalisierungsprozesses unterliegt.

Unternehmen können aus der Zusammenarbeit mit ihrem Umfeld vielerlei Nutzen ziehen. Eine Legitimation der Unternehmenstätigkeit oder „Licence to operate" erfolgt im Sinne einer Annahme durch die Gesellschaft, wodurch man trotz Fehltritten nicht direkt Kritik ausgesetzt wird. Die Kooperation mit verschiedenen gesellschaftlichen Anspruchsgruppen kann zu einem beidseitigem Ressourcenaustausch führen. Wie schon in der Diskussion um die Vorteilhaftigkeit von CSR angedacht, entwickelt ein CC Engagement Vertrauen bei den Stakeholdern, woraus für ein Unternehmen monetäre Vorteile entstehen können.

Auch wenn Kritiker oft argumentieren, CC Engagement sei nur aus den oben aufgeführten Gründen von Unternehmen eingesetzt, so ist dem entgegenzustellen, dass Unternehmen, die sich in der Gesellschaft engagieren, eben deswegen auch in einem verstärkten öffentlichen Rampenlicht stehen. Wäre CC Engagement tatsächlich nur eine Art öffentliches Reputations-management, würden Unternehmen Gefahr laufen, dass ihre Fassade eines guten Bürgers zusammenbrechen und zu einer extrem negativen Wirkung führen würde. Im Zusammenhang mit der Feststellung, dass erst ökonomisch rentabel arbeitende Unternehmen soziale und ökologische Verantwortung übernehmen können, lässt sich festhalten, dass Philanthropie alleine für einen Großteil der Unternehmen nicht tragbar sein würde. Erst die Entwicklung hin zu einer Win-Win-Win Situation, sowohl für die Gesellschaft, als auch das Unternehmen, sei zielführend, so heißt es.

3.3.7 CSR und CC - Praxisbeispiele

Anhand der Allianz SE kann man erkennen, wie eine durchdachte, ethisch orientierte und verantwortungsvolle Unternehmensführung aussehen kann. Vergleichbar mit obigen Aus-führungen beginnt sie mit einer guten Corporate Governance, der Transparenz von Unterneh-menstätigkeiten, breitet sich auf ein aktives bürgerliches Engagement aus und verpflichtet sich der Dreifaltigkeit der Nachhaltigkeit.[133] Als Versicherungsgesellschaft haben sie die Aufgabe unvorhersehbare und gesundheitliche Risiken ihrer Kunden zu decken. Jedoch sieht sich die Allianz SE auf diesem Feld einer größeren Verantwortung ausgesetzt. Sie unterstützt Initiativen in den Bereichen Bildung, Gesellschaft, Gesundheit, Kultur, Soziales und Umwelt. Beispiel ist die „Allianz Direct Help Foundation". Diese ist eine Katastrophenhilfe, die schon mitgeholfen hat in Afghanistan Camps für Flüchtlinge zu organisieren oder 2002 bei der Hochwasserkatastrophe in Mittel- und Osteuropa nachhaltige Hilfsprojekte umgesetzt hat.[134] Im Rahmen der Corporate Governance bekennt sich das Unternehmen aktiv zu Grundsätzen des DCGK, war aktiv an dessen Gestaltung beteiligt und verbindet damit die Transparenz und Nähe zu seinen Stakeholdern. Die nachhaltige Entwicklung im Zusammenspiel mit seinem Umfeld und seiner Umwelt spielt für das Unternehmen ebenfalls eine zentrale Rolle. Dies zeigt die Auflistung des Unternehmens in Nachhaltigkeitsindizes, wie dem FTSE4GOOD der Financial Times oder dem Dow Jones Sustainability Group Index (DJSGI). Solche fördern die Vergleichbarkeit von CSR Aktivitäten und motivieren, mehr auf diesem Gebiet zu investieren, denn eine Auflistung kann zu besseren Anlageempfehlungen für das Unternehmen führen. Außerdem ist zu erwähnen, dass die Allianz SE einen „Center of Competence" eingerichtet hat, um die Steuerung von CSR und CC Aktivitäten in allen Unternehmensbereichen und Tochterunternehmen nachhaltig und einheitlich zu steuern, was zeigt, dass diese Art von Unternehmenstätigkeiten vom Unternehmen sehr ernst genommen wird.[135]

Ein anderes Beispiel stellt die Bayer AG dar. Nachhaltigkeit ist für sie ein Konzept, um hohe Wertschöpfung auf allen drei Ebenen zu erreichen. Sie ist Bestandteil der globalen Unter-nehmensstrategie, orientiert sich bei etwaigen Projekten aber an den lokalen gesellschaftlichen und unternehmenspolitischen Gegebenheiten.[136] So engagiert sich Bayer AG in Bildung, in Forschung und Entwicklung, um z.B. neue Medikamente gegen Malaria zu entwickeln, unterhält weltweit Stiftungen, spendet in Notsituationen und organisiert (Sport-) Vereine, z.B. zur spezifischen Förderung von Behinderten.[137] Bayer bekennt sich aber auch dazu, dass in ihrem gesellschaftlichen Engagement Nutzenpotentiale für das eigene Unter-

---

[133] Vgl. Tewes, 2003, S. 102

[134] Diese Initiative ist nur eines von vielen Beispielen. Weitere sind das Projekt „Die Lichterkette" oder die Unterstützung des „Kinderfonds Stiftungszentrums" und des „Wittenberg Zentrums für globale Ethik", Dazu vgl. ebd., S. 106 ff.

[135] Vgl. ebd., S. 106

[136] Vgl. Portz, 2003, S. 131

[137] Vgl. ebd., S. 133 ff.

nehmen stecken. Neben positiven Reputationseffekten sieht man die Möglichkeit den Unternehmenswert, über die Aufnahme in ethische Investmentfonds und eine positive Bewertung durch Ratingagenturen, zu steigern. Bei Geschäftskunden, die viel Wert auf die Einhaltung sozialverträglicher Standards setzen, führt das Engagement von Bayer zu einer erhöhten Bindung, bei der Gesellschaft zu erhöhter Akzeptanz der Unternehmenstätigkeit und bei potentiellen Mitarbeitern zu einer höheren Attraktivität als Arbeitgeber.[138] Außerdem betont Bayer, dass durch den Austausch mit den Stakeholdern eine Art Risikofrüherkennung etabliert wird, die Informationen aus Dialogen als knappe Ressource nutzt. Im Großen und Ganzen sieht man im strategischen CSR Engagement einen möglichen Wettbewerbsvorteil.[139]

4 Standardisierungsinitiativen im Bereich der CSR

Unternehmen, die eine gewisse Menge an Ressourcen investieren, um den Ansprüchen ihrer Stakeholder zu genügen, sind gewiss daran interessiert, ihre Maßnahmen effizient zu gestalten. Da viele Unternehmen jedoch nicht über die nötige Erfahrung verfügen, um geeignete Maßnahmen zu treffen, ist der Bedarf an Standards, an denen man sich ausrichten kann, sehr hoch. Ebenfalls wundert einen die Tatsache, dass Unternehmen, die im Sinne der CSR engagiert sind, der Vorwurf gemacht wird, es sei nur eine reine PR Maßnahme. Aus Sicht eines Unternehmens, das viel Geld in den Aufbau interner sozial- und ökofreundlicher Strukturen investiert, ist dieses Argument nicht hinnehmbar. Deswegen sind vor allem die Unternehmen bestrebt, ihre Aktivität im Bereich Ethik überprüfen und zertifizieren zu lassen, um der Kritik entgegenwirken zu können. Da CSR jedoch verschiedene Gestalten annehmen kann, sind einheitliche Richtlinien, die universelle Geltung haben und nach denen beurteilt werden kann, schwer zu formulieren. Man bedenke wiederum die Tatsache, dass auf einer globalen Ebene in verschiedenen Kulturen oder Religionen verschiedene Werte und Normen als gültig angesehen werden und somit die Formulierung einheitlicher Richtlinien nur schwer breite Akzeptanz erreichen kann.

Trotz dieser Probleme gibt es einige Standardisierungsansätze, die in der englischsprachigen Literatur mit „Corporate Accountability"[140] (dt. unternehmerische Rechenschaftslegung) beschrieben werden. Die aus ethischer Sicht sinnvollen Accountability Maßnahmen sind jene, die sich der sozialen und ökologischen Nachhaltigkeit verschrieben haben. Zuerst zu nennen

---

[138] Vgl. Portz, 2003, S. 129

[139] Vgl. ebd., S. 130

[140] In diesem Zusammenhang sind folgende Maßnahmen zu nennen: Accounting (dt. Rechnungslegung), auditing (dt. Prüfung) und reporting (dt. Berichterstattung); Vgl. Gilbert/ Rasche, 2008, S. 297

ist der UN Global Compact, als ein globaler Kodex ethischer Unternehmensführung, der inhaltliche Richtlinien zu verschiedenen Bereichen der Unternehmenstätigkeit vorgibt.

4.1 UN Global Compact

Die Debatte um einen Kodex wurde vom Generalsekretär der Vereinten Nation, Kofi Annan mit einer Rede vom 31. Januar 1999 eingeleitet. Operativ zum ersten Einsatz kam der UN Global Compact am 26. Juli 2000, als sich im Amtssitz der Vereinten Nationen in New York wichtige Vertreter aus Wirtschaft und Politik trafen, um ein Konzept zu erarbeiten, welches Anliegen von Gesellschaft und Arbeitnehmern verbindet, um Sozial- und Umweltprobleme zu beseitigen. Der UN Global Compact setzt sich aus zehn Prinzipien[141] zusammen, welche die vier Bereiche Menschenrechte, Arbeitsnormen, Umweltschutz und Korruptions- bekämpfung umfassen. Als Standard spezifiziert er die Bereiche, in denen das Unternehmen im Rahmen des CSR Engagements tätig werden kann bzw. muss.

Seine Anerkennung basiert auf freiwilliger Basis, was bedeutet, dass Unternehmen sich durch Absichtserklärungen verpflichten die zehn Prinzipien innerhalb des Geschäftsbetriebs einzuhalten. Es handelt sich folglich nicht um einen legislativen Eingriff in die Unterneh- mensabläufe, da es keine Auflagen sind, die es zu erfüllen gilt. Die Unternehmen sind an- gehalten sich proaktiv in den angesprochenen Bereichen zu engagieren. Bei dem Global Compact Projekt wird insbesondere von einer „hohen internationalen Akzeptanz"[142] gesprochen. Sie beruht auf kurzen, aussagekräftigen Leitlinien, die aus einem Konsens der globalen Gemeinschaft entstanden sind, sowie weltweiten Einsatzmöglichkeiten. Die ein- zelnen Prinzipien basieren laut den Vereinten Nationen auf der allgemeinen Erklärung der Menschenrechte (1948), der Erklärung über grundlegende Prinzipien und Rechte bei der Arbeit (1998), der Rio-Erklärung über Umwelt und Entwicklung (1992), sowie auf dem Übereinkommen der UN gegen Korruption (2003), was sie tatsächlich in einem gewissen Maße zu einem universellen Instrumentarium macht. Anders umschrieben, ist der Global Compact eine Leitlinie für „selbstkritische Eigenanalyse"[143] oder, wie es in der Definition der Unternehmensethik beschrieben wurde, für eine Reflexion der Moral im nahen Unter- nehmenskontext.

Wie jedoch funktioniert der UN Global Compact und welche Effekte können ihm zu- geschrieben werden. Unternehmen selbst beschreiben den UN Global Compact als

---

[141] Die genauen 10 Prinzipien des UN Global Compact sind in Abb. A2 im Anhang abgebildet.

[142] Vgl. Rieth, 2003, S. 384

[143] Vgl. Leisinger, 2006, S. 12

„Partnerschaftsprojekt"[144], welches durch den Austausch von Know-How, Ideen und Erfahrungen für Unternehmen nützlich wird. Ein Plattform dafür bietet der Global Compact in Form eines „Learning Forum", sowie „Policy Dialogues", wo Unternehmen einander wichtige informelle Stützen zur Implementierung der zehn Grundsätze geben können. Außerdem gibt der Global Compact die Verantwortung an nationale Netzwerke weiter, innerhalb welcher eine präzisere Ausgestaltung der Grundsätze vorgenommen werden kann. In Deutschland sei „Econsense – Forum Nachhaltige Entwicklung der Deutschen Wirtschaft e.V." zu nennen. Mitglieder sind global operierende, deutsche Unternehmen, die über das Netzwerk Erfahrungen zum Thema CSR austauschen können.[145] Zusätzlich verpflichten sich Unternehmen durch Teilnahme am Global Compact, zu einer Rechenschaftslegung des eigenen Fortschritts bei der Implementierung der zehn Grundsätze, „Communication on Progress" (COP) genannt. Nach Beitritt wird ein Erstbericht erwartet, wonach jährliche Berichterstattung folgen soll. Zwar ist dem Unternehmen freigestellt, in welchem Maße es berichtet, jedoch bietet das Global Compact Projekt Workshops an, welche Gebrauchsanweisungen zum „Reporting" bieten. Eine Prüfung des Erreichten findet seitens des Global Compact nicht statt.

Kritisch angesehen wird jedoch, dass die Beitrittsunternehmen mehrheitlich aus Europa stammen, wobei Statistiken zeigen, dass vor allem afrikanische und asiatische Firmen sehr rar vertreten sind.[146] Eine Universalität des Global Compact wird hiermit sehr stark in Frage gestellt, unter der Prämisse, dieser sei auf westlichen Standards gegründet. Außerdem wird Unternehmen vorgeworfen sie benützen Global Compact im Sinne eines „blue washing"[147], d.h. sie treten dem Global Compact bei, um durch das Logo der UN PR Effekte erzielen zu können. Vor allem kritisiert wird hierbei, dass die Unternehmen eben nicht bzgl. der ergriffenen Maßnahmen, sowie des Erreichten kontrolliert werden, sondern nur eigenständige, vom Umfang offene Berichte abgeben müssen.

Der Global Compact stellt jedoch nur die Funktion von Prinzipien, die zur individuellen Ausgestaltung bereitgestellt werden, dar, wodurch er einen wertvollen Beitrag zur Implementierung eines CSR Engagements bietet. Insbesondere die Veranstaltungen „Policy Dialogue" und „Learning Forum" bieten einen geeigneten Rahmen zum Meinungs- und Erfahrungsaustausch. Schließlich ist festzuhalten, dass ein Engagement im Rahmen des

---

[144] Vgl. Rieth, 2003, S.384

[145] Vgl. Kopp/ Koenen, 2007, S. 214

[146] Vgl. Bremer, 2008, S.231

[147] Vgl. Cavanagh, 2006, S. 636

Global Compact zu ähnlichen Vorteilen führen kann, wie sie innerhalb der CSR Debatte erkannt wurden: Reduktion von legalistischen Risiken, Erhöhung der Reputation, Motivation der Mitarbeiter, sowie eine Bevorzugung bei Investmentempfehlungen.[148] Der Global Compact stellt die bis jetzt am meisten beachtete Initiative in Form von Prinzipien dar. Im Rahmen der CSR Debatte sind auch die „Global Sullivan Principles", welche sich mit den Rechten von Arbeitnehmern auseinandersetzen und die „OECD-Leitsätze für multinationale Unternehmen", welche das verantwortliche Handeln von Unternehmen thematisieren und darüber hinaus als einzige Initiative von den teilnehmenden Mitgliedstaaten und ihren Regierungen offiziell unterstützt werden, zu nennen.

4.2 Standardisierung nach ISO Richtlinien – ISO 26000

Standardisierungsaspekte als Wegweiser bei der Implementierung von CSR Aktivitäten hat auch die International Standards Organization (ISO) in ihr Programm aufgenommen. Diskutiert in diesem Zusammenhang wird vor allem der ISO 26000 mit Veröffentlichungsdatum im Jahr 2010.[149] Positiv anzumerken ist, dass der Standard im Diskurs mit 6 Stakeholdergruppen erarbeitet wird. Beteiligt sind Vertreter aus Wirtschaft und Politik, sowie Arbeitnehmergewerkschaften, Verbrauchergruppen, NGOs, und andere Gruppen aus Ländern der ganzen Welt. Teilnehmer des Entstehungsprozesses schreiben dem Standard mehrheitlich z.B. eine Offenheit und Fairness gegenüber allen Stakeholdern, sowie die Transparenz und dialogische Ausprägung der Entscheidungsfindung zu.[150] Ziel ist es freiwilliges Engagement im Bereich der „Social Responsibility" zu forcieren und Richtlinien für die Bearbeitung sozialer Probleme und die Implementierung von Maßnahmen zu bieten. Die bisher veröffentlichte Struktur des ISO 26000 zeigt, wie der Standard aufgebaut sein und welche Art von Hilfestellung den Unternehmen geboten wird.[151] Wie geschrieben, ist es laut der ISO kein Instrument, welches der Bewertung von CSR Aktivitäten gewidmet ist, sondern nur ein Standard, der Definitionen und Prinzipien der Verantwortungsübernahme, sowie Leitlinien für die Implementierung von CSR Aktivitäten bietet. Allerdings ermöglicht es durch die „Leitlinien für die Implementierung sozialer Verantwortung in Unternehmen" einen größeren Praxis- und Prozessbezug im Vergleich zum Global Compact, welches nur grundlegende Prinzipien bereitstellt, die eigenverantwortlich erst ausgearbeitet werden müssen. Auch wenn es nicht

---

[148] Vgl. Leisinger, 2006, S.16

[149] Vgl. o.V., ISO, 2008, S. 3

[150] Vgl. Schmiedeknecht/ Wieland, 2007, S. 154 f.

[151] Siehe Tabelle B2 im Anhang

Ziel der ISO ist, werden desweiteren durch die Richtlinien zur Implementierung auch gewisse Standards für eine mögliche qualitative Bewertung gesetzt, da gemäß den Richtlinien ausgewählte Strukturen und Maßnahmen einen gewissen Standard erfüllen werden. Wie sich der ISO 26000 tatsächlich im CSR Kontext behauptet, bleibt abzuwarten.

4.3 Reporting – Global Reporting Initiative

Neben Standards zur Bearbeitung von relevanten sozialen und ökologischen Fragestellungen im Unternehmenskontext, ist die Offenlegung, auch „corporate social disclosure" genannt, ein zentrales Element. In diesem Bereich siedelt sich das Reporting an. Die wohl wichtigste Initiative hier ist die „Global Reporting Initiative" (GRI). Auch sie greift die Prinzipien des CSR Konzepts auf und verpflichtet die beteiligten Unternehmen, welche der Initiative auf freiwilliger Basis beitreten können, Berichte in sozialer, ökologischer und ökonomischer Nachhaltigkeit anzulegen. Laut GRI ist die Initiative ein sich ständig weiterentwickelndes und verschiedene Stakeholdergruppen einbeziehendes Instrument und sieht sich damit auch, den Universalitätsanspruch erfüllend, gerüstet auf globaler Ebene. Der Prozess der Berichterstattung wird von der GRI unter vier Aspekten, durch ein Rahmenwerk, unterstützt.[152] Auf der einen Seite werden, durch Protokolle ergänzte, Prinzipien und Leitlinien geliefert, die Definitionen von Indikatoren der Performance und Methoden bereitstellen, um zu zeigen, wie man berichten soll. Auf der anderen Seite gibt es die Anweisung, was es zu berichten gilt.[153] Diese Auflistung gibt einem Unternehmen einen Überblick über mögliche Bereiche des CSR Engagements und spezifiziert dieses damit. Neben allgemeinen Standardindikatoren, wird besonders auf die regionalen und branchenspezifischen Ergänzungen verwiesen. Gerade diese sektoralen Zusätze bringen die GRI einen Schritt näher in Richtung einer universellen Standardisierungsinitiative.

Das Potential der GRI kann folgendermaßen zusammengefasst werden:[154]

Berichten Unternehmen über ihre Fortschritte, können sie aus dem Prozess, dessen Ablauf von der GRI vorgegeben wird, selbst etwas über das verantwortungsbewusste Handeln im Zusammenspiel mit ihrem Umfeld lernen. Sie erhalten ein ausgewogenes Bild ihrer sozialen, ökologischen und ökonomischen Performance. Somit entsteht für das Unternehmen ein positiver Nebeneffekt durch das Reporting, indem sie von einem Rahmenkonzept profitieren, das anzeigt, in welchen Bereichen sie tätig werden können. Durch die globale Ausrichtung

---

[152] Rahmenwerk der GRI: siehe Abb. A3 im Anhang

[153] Zu welchen Bereichen im Speziellen berichtet werden soll, zeigt Tabelle B3 im Anhang

[154] Vgl. Finch, 2005, S. 12 f.

des Standards wird ferner die Vergleichbarkeit gefördert. Unternehmen können sich selbst anhand gängiger Branchenstandards kritisch prüfen. Aber auch Kritikern ermöglicht die Initiative, durch die Bereitstellung von Maßstäben für die Messung erfolgreicher CSR Engagements, die Begutachtung von Unternehmen.[155] Außerdem darf angenommen werden, dass die Auflistung von berichterstattenden Unternehmen durch die GRI und die Bereitstellung eines „GRI-Siegels" ebenfalls positive Effekte auf die Reputation eines Unternehmens hat, was sich wiederrum auf finanzielle Performance auswirken kann.

4.4   Social Accountability – SA 8000

Die Initiative, die in Hinsicht auf die Implementierung unternehmensethischer Maßnahmen das größte Potential besitzt, ist der Standard „Social Accountability 8000"[156] (SA 8000). Sie stellt eine Art freiwillige ethische Zertifizierungsmaßnahme dar, welche dem Unternehmen und seinem Umfeld bestätigt, dass es gewisse Normen und ethische Standards innerhalb der Unternehmensabläufe berücksichtigt.

Ins Leben gerufen wurde sie 1997 von der Menschenrechtsorganisation „Social Accountability International" (SAI). Ähnlich den anderen besprochenen Standards, wie der GRI, bringt dieser Standard verschiedene Stakeholdergruppen, einschließlich Arbeitnehmern, Gewerkschaften, Unternehmen, Regierungen, NGOs, Investoren und Verbrauchern an einen Tisch, um in einem gemeinsamen Konsens die Weiterentwicklung zu garantieren. Der Unterschied zu bisher besprochenen Initiativen ist, dass Unternehmen nach der Übernahme der Leitsätze und ihrer Implementierung, durch externe und unabhängige Zertifizierungsgesellschaften begutachtet werden und nach Ausstellung eines Gütesiegels fortlaufend auf die Einhaltung der Prinzipien geprüft werden.

Zweck ist es, Unternehmen dazu zu bringen, in allen kontrollierbaren Bereichen die Leitsätze in die Praxis umzusetzen. Die normative Grundlage bieten, wie bei dem UN Global Compact die allgemeine Erklärung der Menschenrechte, die Konvention der Vereinten Nationen über die Rechte von Kindern und spezielle ILO-Konventionen.[157] Die Richtlinien für die Implementierung umfassen laut SAI die Kinderarbeit, die Zwangsarbeit, Gesundheit und Sicherheit am Arbeitsplatz, Gewerkschaftsfreiheit und Tarifverhandlungen, Diskriminierung, Disziplinarstrafen, Arbeitszeiten, Entlohnungssysteme und Managementsysteme.

---

[155] Vgl. Finch, 2005, S. 12 f.

[156] Für eine Übersicht der Konzeption, siehe Abb. A4 im Anhang

[157] Wie z.B. die Konventionen über Mindestalter von Arbeitnehmern, Zwangs- und Gefängnisarbeit, Rechte der Arbeitervertreter o. berufliche Wiedereingliederung u. Beschäftigung Behinderter. Vgl. Gilbert, 2001, S. 131

Die Umsetzung des Standards verläuft in vier Phasen:

Abbildung 9: *Phasen des Zertifizierungsprozesses SA 8000*

(Vgl. Gilbert, 2001, S. 135)

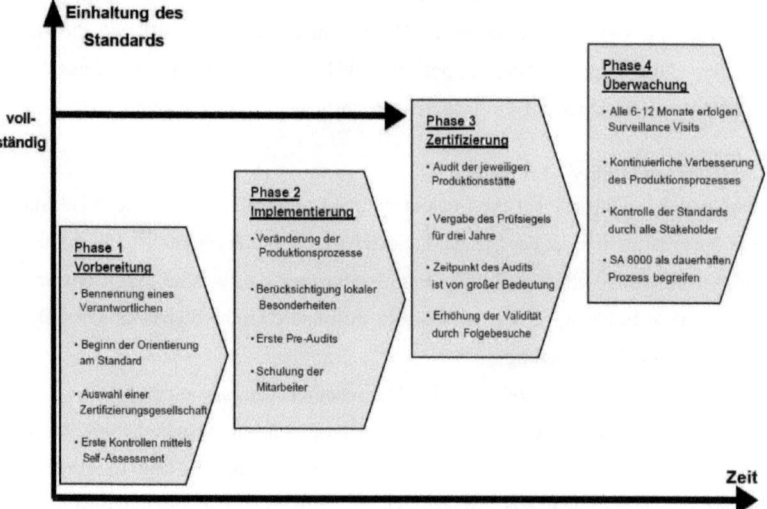

In Phase 1 tritt ein Unternehmen erstmals mit der Initiative in Kontakt, wählt eine externe Zertifizierungsgesellschaft und überprüft die Unternehmensprozesse hinsichtlich der Richtlinien der SA 8000. Angepasst werden die Prozesse in Phase 2, wenn sich in Phase 1 ergeben hat, dass der Status Quo im Unternehmen zu einer Nicht-Zertifizierung führen würde. Ein wichtiger Teil bei der Implementierung sind die Mitarbeiterschulungen, bei denen allen am Prozess Beteiligten, gemäß den Standards der SA 8000, beigebracht wird, wie man die Richtlinien als Individuum befolgen kann. Es besteht auch die Möglichkeit das Unternehmen probeweise prüfen zu lassen, ohne dass dies Konsequenzen für die spätere Zertifizierung hat.[158] In Phase 3 schließlich findet die eigentliche Auditierung statt. Von besonderer Bedeutung ist hier die Zusammenarbeit zwischen dem Unternehmen, der externen Auditgesellschaft und den Stakeholdern des Unternehmens.[159] Die Auditgesellschaft hat das Recht, das Unternehmen im Nachhinein noch unangemeldet zu prüfen, sollte die Befürchtung bestehen, dass es sich nicht an die zertifizierten Standards hält. Bei bestandenem Audit, erhält das

---

[158] Vgl. Gilbert, 2001, S. 137

[159] Vgl. ebd., S. 137

Unternehmen auch hier ein Gütesiegel der SAI, welches für drei Jahre Bestand hat. In Phase 4 schließlich folgt eine Überwachung des Unternehmens, um zu gewährleisten, dass das Unternehmen nachhaltig die geforderten Prozesse umsetzt und die Richtlinien befolgt.

Auch bei dieser Initiative hat man sich bei der Formulierung der Prinzipien auf international anerkannte Grundsätze berufen, um eine Universalität zu erreichen. Jedoch breitet sich an dieser Stelle ebenfalls die Kritik aus, dass die Grundsätze einer westlichen Prägung unterliegen, wodurch sie für Länder aus Afrika und Asien begrenzt übernehmbar sind. Weiterhin positiv ist die Tatsache, dass Stakeholder am Veränderungsprozess im Unternehmen beteiligt werden. Somit werden sie nicht nur Teil bei der Formulierung und Weiterentwicklung des Standards, sondern auch Teil des Beurteilungs- und Zertifizierungsprozesses eines Unternehmens. Man erreicht damit eine regional- und lokalspezifische Universalität des Standards. Durch diese kommunikative Auseinandersetzung mit den relevanten Stakeholdern und ihren Interessen lassen sich für das Unternehmen positive Nebeneffekte erzielen, wie z.B. eine Erhöhung der Mitarbeiterzufriedenheit oder des Vertrauens der Kunden, was zu Wettbewerbsvorteilen führen kann.[160] Viele Unternehmen beklagen auf der anderen Seite, dass eine Zertifizierung nach SA 8000 hohe Anfangsinvestitionen verlangt. Beachtet man jedoch, wie sich der Standard etabliert hat und wie er sich in Zukunft verbreiten könnte, stellt die Anfangsinvestition eine langfristige Investition in die Zukunft dar, da die kostspieligen ersten beiden Phasen nur bei einer Erstzertifizierung durchgeführt werden müssen. Außerdem könnten Unternehmen, die sich nicht zertifizieren lassen, mit steigender Zahl zertifizierter Unternehmen der gleichen Branche oder einer Wertschöpfungskette, ins Hintertreffen geraten.

Der Vorteil gegenüber anderen Initiativen liegt auf der Hand. Während es sich bei anderen um Prinzipien des ethischen Verhaltens handelt, ist dieser Standard prozessorientiert und auf eine zielgerichtete Performance im Sinne der vorgegebenen Zielgrößen ausgerichtet. Er hat infolgedessen eine „praktische Vorzüglichkeit"[161] gegenüber ähnlichen Initiativen. Die Zertifizierung und Auditierung sichert des Weiteren, dass Unternehmen sich nachhaltig engagieren.

4.5 Standardisierungen – Zusammenfassende Betrachtung

Abschließend betrachtet, liegt der Sinn für Unternehmen in der Teilnahme an einer der Initiativen darin, dass sie einen mehr oder weniger konkreten Leitfaden für die Implementierung von Ethik haben, in der späteren Kommunikation der ergriffenen Maßnahmen und

---

[160] Vgl. Gilbert, 2001, S. 139
[161] Vgl. ebd., S. 143

Erfolge, sowie in einer Legitimation für das spätere Handeln als Wirtschaftseinheit. Standardisierung fördert die Vergleichbarkeit von ethischem Unternehmensverhalten und erlaubt es Unternehmen vorgelagerte und nachfolgende Einheiten der Wertschöpfungskette anhand bekannter Standards zu prüfen. Auch Kombinationen von Standards sind Möglich. Viele Unternehmen z.b., die sich dem Global Compact verpflichten, berichten gleichzeitig auf freiwilliger Basis gemäß der GRI.

Die Bayer AG, um das Beispiel aus vorherigen Kapiteln aufzugreifen, war unter anderem an der Gründungsphase des UN Global Compact beteiligt und verpflichtet sich weiterhin die Ziele des Pakts nachhaltig, z.b. im Rahmen von Stiftungen gegen Kinderarbeit, zu verfolgen. Ein anderes Unternehmen, das aktiv die Standards ausnutzt, ist die BASF SE. Wie die Allianz SE, ist sie in Nachhaltigkeitsindizes gelistet und verpflichtet sich, wie die Bayer AG als Gründungsmitglied weiterhin an der Entwicklung und Ausübung der Leitsätze des UN Global Compact teilzuhaben. Über die Plattform des Learning Forum ist man bestrebt Erfahrungen und „Best Practice" Maßnahmen des CSR Engagements preiszugeben und mit anderen Unternehmen auszutauschen.[162] Des Weiteren verfolgt man die transparente Kommunikation des Engagements. Finanzberichte werden um Umwelt- und Sozialberichte erweitert. Zwecks Vergleichbarkeit, die eine konstruktive Diskussion ermöglicht, verpflichtet man sich nach Regeln der GRI zu berichten.[163] Diese freiwilligen Verpflichtungen und Berichte stärken die Authentizität des Unternehmens und dessen ergriffener Maßnahmen, was wiederum zur Stärkung bereits beschriebener Effekte führt.

Tabelle 3 zeigt nochmal eine Übersicht der beschriebenen Standards und Initiativen und ihrer Attribute.

---

[162] Vgl. Gocke et al., 2003, S. 118
[163] Vgl. ebd., S. 119

Tabelle 3: *Übersicht von Standardisierungsinitiativen*

(eigene Darstellung)

	Global Compact	ISO 26000	GRI	SA 8000
Freiwilligkeit	gegeben	gegeben	gegeben	gegeben
Einbezug der Stakeholder	gegeben: bei der Erarbeitung des Standards & in Lernforen	gegeben: bei der Erarbeitung des Standards	gegeben: bei der Erarbeitung des Standards & der Weiterentwicklung	gegeben: bei der Erarbeitung des Standards & der Weiterentwicklung
Reporting	Teilweise gegeben: Anfangsbericht und jährliche Berichterstattung (Umfang nicht vorgegeben)	nicht gegeben Leitlinien für ein freiwilliges Reporting werden jedoch geliefert.	gegeben: Auch Zweck des Standards	nicht gegeben: vom Standard her
Zertifizierung	nicht gegeben: Möglichkeit ein UN Global Compact Logo zu verwenden, jedoch ist es kein Gütesiegel	nicht gegeben eigenverantwliche Konformitätsbewertung möglich	(noch) nicht gegeben: Ausstellung eines Logos + eine „Verification Working Group" der GRI prüft die Möglichkeit einer Zertifizierung, um die Akzeptanz zu stärken	gegeben: Auch Zweck des Standards + Ausstellung eines Gütesiegels
Zweck	Leitlinien: für die kritische Reflexion der Unternehmenstätigkeit	Prozessstandard: Leitlinien für die Implementierung von „Social Responsibility" Strukturen	Standard: für die Nachhaltigkeits- berichterstattung	Prozessstandard: für Implementierung, Zertifizierung und Kontrolle

5 Werteorientierung im Unternehmen – WerteManagementSystem^{ZfW}

Für die Erarbeitung und Umsetzung des WerteManagementSystems^{ZfW} (WMS^{ZfW}) ist das Zentrum für Wirtschaftethik (ZfW) zuständig, welches 1998 als zentrale wissenschaftliche Forschungsinstitution des Deutschen Netzwerks Wirtschaftsethik – EBEN Deutschland e.V. (DNWE) gegründet wurde. Über die Zusammenarbeit mit Vertretern aus Wissenschaft und Wirtschaft, fördert es die theoretische und praktische Anwendbarkeit der Unternehmensethik und hat somit den Anspruch soziale, ökologische und ökonomische Problemfelder einheitlich und nachhaltig zu lösen. Grundsätzliche Forschungsschwerpunkte im Bereich der Unterneh-mensethik liegen beim ZfW in der Erarbeitung von Standards für Wertemanagementsysteme, der Beratung bei der Implementierung von Wertemanagementsystemen, Weiterbildungs-

maßnahmen, Entwicklung eines Auditsystems und dem Zusammentragen von Erfahrungs-
berichten.[164]

5.1 WerteManagementSystem[ZfW] – Ziele

Oberstes Ziel ist die Sicherung des nachhaltigen Unternehmenserfolges und dies geschieht über ein aktives Wahrnehmen von Verantwortung für relevante Stakeholder. Soziale, ökologische und ökonomische Nachhaltigkeit, wie sie das Ziel von CSR Aktivitäten darstellt, wird ergänzt durch juristische Nachhaltigkeit, mit dem Zweck der Risikominderung und Schadensprävention. Erreicht werden sollen diese Ziele über die Schaffung „einer werte-orientierten Organisations- und Verhaltenssteuerung durch Selbstverpflichtung und Selbst-bindung"[165], sowie der transparenten und kontinuierlichen Kommunikation dieser Unter-nehmenssteuerung nach innen und nach außen. Der Fokus liegt mehr auf dem Schaffen einer Wertekultur im Unternehmen, als auf der Erfüllung von Standards – bezeichnend hierfür ist die Prozessorientierung.

5.2 WerteManagementSystem[ZfW] – Implementierung

Das WMS[ZfW] ist ein Prozess, bestehend aus den vier Stufen Kodifizierung, Implementierung, Systematisierung und Organisation, der anhand einer Übersicht näher erläutert wird.

Abbildung 10: *Implementierung des WMS[ZfW]*

(Eigene Darstellung in Anlehnung an: o.V., ZfW, 2007, S. 14)

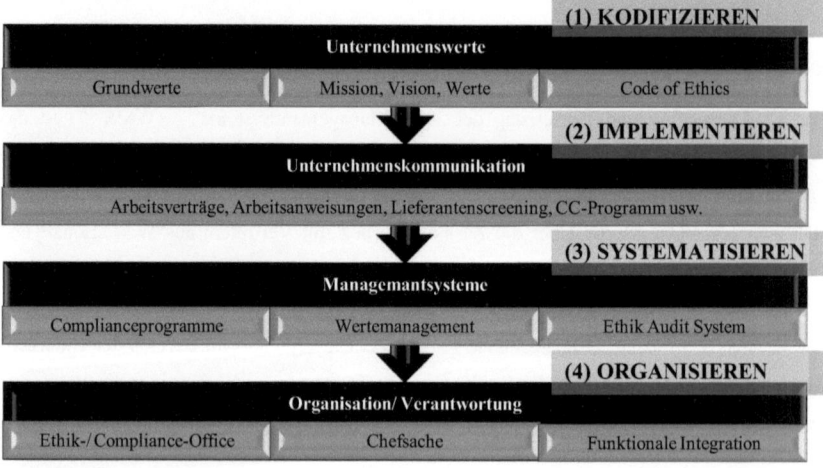

---

[164] Vgl. o.V., ZfW, 2007, S. 3

[165] Vgl. ebd., S. 3

Die Wertorientierung ist der Ausgangspunkt im Rahmen der Kodifizierung. Sie verbindet Moralische Werte, Kooperationswerte, Leistungswerte und Kommunikationswerte, stimmt diese miteinander ab und hilft somit eine spezifische Unternehmensidentität zu entwickeln, sowie eine Handlungsorientierung zu bieten.[166] Niedergeschriebene, zukunftsgerichtete Unternehmensvisionen oder „Ethik-Kodizes" stellen hier Beispiele dar. Um einen unternehmensspezifischen Bezug herzustellen, werden bereits bestehende Werte und Leitlinien mit in das Managementsystem integriert. Ziel sind eine Geschlossenheit der Wertedimension für das ganze Unternehmen, so dass es keine Unternehmensbereiche gibt, die nicht vom Wertemanagementsystem abgedeckt werden und die Kompatibilität mit der Unternehmensstrategie.

Die Integration früherer Leitsätze des Unternehmens und deren Kommunikation ist Teil der Implementierungsphase. Dabei ist der Fokus sowohl auf die interne Kommunikation als auch auf die externe Kommunikation gelegt, also auf die Gesamtheit der Stakeholder. Als Möglichkeiten der Kommunikation werden hier z.B. Publikationen, Vorgesetztengespräche, Betriebszeitungen, Internetauftritte, Pressearbeit, Diskussionen mit Stakeholdern und Sozial-/ Ökobilanzierungen genannt.[167] Intern sowie extern sind dabei mindestens zwei Wege zu wählen. Um die Werte tatsächlich nachhaltig in den Unternehmensabläufen zu verankern, werden außerdem Trainingseinheiten und Beratungsmöglichkeiten für Mitarbeiter angeboten. Neben der Kommunikation muss auf dieser Ebene auch ein Konstrukt geschaffen werden, welches den Mitarbeitern Anreize bietet, sich an die Werte zu halten. Handlungsbedingungen müssen also so ausgestaltet werden, dass das Risiko unethischen Verhaltens reduziert wird. Dies geschieht z.B. über eine Ausgestaltung von Arbeitsverträgen und/ oder Eingliederung von Sanktionsmaßnahmen bei Zuwiderhandlungen.

Systematisierung im Rahmen des Complianceprogramms bedeutet, dass ein Unternehmen seine Mitarbeiter nicht nur zur Werteorientierung bei Handlungen anregt, sondern auch die Legalität und Konformität dieser Handlungen als Voraussetzung ansieht. Diese Verbindung der Gesetzeskonformität mit der Werteorientierung erst führt zu einer glaubwürdigen Kommunikation und einem nachhaltig erfolgreichen Wertemanagement. Außerdem ist ein Ethik-Audit System einzurichten. Hier ist aber im Gegenteil zu anderen Initiativen das Augenmerk auf die Selbstevaluierung gelegt, wobei es den Unternehmen selbst überlassen bleibt, ob externe Auditgesellschaften zu Rate gezogen werden. Dokumentation und Überprüfung finden

---

[166] Vgl. o.V., ZfW, 2007, S. 6

[167] Vgl. ebd., S. 20

somit zwar aus eigener Initiative statt, jedoch in regelmäßigen jährlichen Abständen, um die Qualität des WMS^{ZfW} zu sichern.[168]

Die Vierte Stufe bezieht sich auf die Verantwortung der Führungsebene für die Organisation des Systems. Im Aufgabenbereich liegt die kontinuierliche Kommunikation, sowie die Direktion der Implementierung und tatsächlichen Umsetzung. Die Unternehmensleitung hat außerdem eine nicht explizit festgehaltene Vorbildfunktion für untergeordnete Mitarbeiter. Um die Glaubwürdigkeit des Projekts zu stützen, sollte die Managementebene unbedingt die Werte und Leitlinien fast schon als geltendes Recht befolgen. Bezüglich der Steuerung des Projekts ist die Unternehmensführung außerdem angehalten einen Beauftragten einzustellen, der die operative Verantwortung für die Umsetzung auf allen vier Stufen trägt.[169] Zudem kann ein Ethik-Office eingerichtet werden, welches Mitarbeitern als Anlaufstelle bei Unsicherheiten bzgl. des eigenen Verhaltens dient.

5.3 WMS^{ZfW} – Attribute

Der Ansatz umfasst das ganze Unternehmen. In allen Bereichen wird von Mitarbeitern die Befolgung der Werte und Leitsätze eingefordert. Durch die Integration bestehender Grundsätze in das WMS^{ZfW} ist wiederum seine Integration in das laufende Unternehmensgeschehen ermöglicht, ohne eine komplette Neuausrichtung der Unternehmensstrategie veranlassen zu müssen. Es handelt sich jedoch nicht um ein Instrument, welches zum Abschluss gebracht werden kann. Die Betonung liegt auf dem fortlaufenden Entwicklungsprozess, welcher sich sowohl auf das WMS^{ZfW} selbst bezieht, als auch auf die Mitarbeiter im Unternehmen. Abgezielt wird dabei „nicht auf das Gute, sondern sukzessiv auf das Bessere"[170]. Entwicklung unter den Mitarbeitern wird z.B. durch mögliche Schulungen forciert. Ihnen soll eine Hilfestellung zur selbstständigen Handhabung von Problemen geboten werden. Weiterentwicklung und Integration des Status Quo kommt einer Reflexion bestehender Grundsätze im Unternehmen gleich und entspricht somit dem Ziel der Unternehmensethik.

5.4 WMS^{ZfW} – Erkenntnisse aus der Praxis

Eine Studie von 2002 innerhalb des Bayrischen Bauindustrieverbandes, welcher auf Basis des WMS^{ZfW} 1996 damit begonnen hat das „EthikManagementSystem" (EMB) zu konstruieren und innerhalb der Branche zu implementieren, hat gezeigt, dass Mitarbeitern, als auch

---

[168] Vgl. o.V., ZfW, 2007, S. 22

[169] Vgl. ebd., S. 19

[170] Vgl. ebd., S. 10

Führungskräften das Instrument im Großteil bekannt ist und sie eine positive Wirkung im Bereich der Werteintegration in Unternehmen wahrnehmen.[171] Im Vergleich zu einer vorhergehenden Studie ist diesbezüglich darauf zu schließen, dass über das EMB nachhaltig kommuniziert wurde und es im Unternehmensalltag fest verwurzelt ist. Ebenfalls bemerkenswert ist, dass Ethikverantwortliche in Unternehmen, auf Grundlage von Erfahrungswerten, Motive für die Implementierung insbesondere in der Verbesserung der Unternehmenskultur, sowie der Einhaltung von Gesetzen sehen.[172] Solche Aussagen sind dahingehend interessant, als dass sie dem Wertemanagement tatsächlich einen ethischen Grundgedanken verleihen. Die Integration von Complianceprogrammen, wie bereits einige Male erwähnt, stellt im Wertemanagement unmissverständlich eine Notwendigkeit dar, um über die Rechtskonformität, als Voraussetzung, hinaus ethisches Verhalten zu fördern. Außerdem widerlegen die Aussagen von Ethikbeauftragten die Kritik, die auch dem WMS entgegenkommt, eine Auseinandersetzung mit Ethik im Zuge der Unternehmenstätigkeit sei eine reine PR Maßnahme. Wettbewerbsvorteile und Reputationszuwächse seien zwar auch als Gründe angegeben, jedoch stellen diese nur „nicht-unerwünschte", positive Nebeneffekte dar. Tatsächliche positive Kosteneffekte sind zwar nach Meinung von Führungskräften nicht direkt aus dem Wertemanagement ableitbar, dennoch sehen sie die Möglichkeit über aktive Kommunikation nach außen z.B. an zusätzliche Aufträge zu kommen, welche ohne ein Wertemanagement unerreichbar wären oder ein Differenzierungsmerkmal auf dem Arbeitsbeschaffungsmarkt zu erreichen.[173]

5.5 Implementierung eines Wertemanagements – Instrumente

Dass ein Wertemanagement in bereits bestehende Strukturen eines Unternehmens integriert werden sollte, wurde bereits erwähnt. Das folgende Schaubild (Abb. 11) verdeutlicht den Gesamtzusammenhang zwischen Wertemanagement, Instrumenteneinsatz und den einzelnen Unter-nehmensbereichen. Aufbauend auf diesem Schema werden dann die einzelnen Instrumente kurz erläutert. Neben den üblichen moralischen Werten, die gefördert werden sollen, zeigt dieses Schema aber auch die Wichtigkeit von ökonomischen Werten. Diese, als Leistungswerte gekennzeichnet, sind schon in der Implementierungsphase als gleichberechtigt mit den anderen Werten zu kennzeichnen. Trotz aller Werteausrichtung, darf eben nicht vergessen werden, dass Unternehmen in erster Sicht ökonomische Ziele verfolgen.

---

[171] Vgl. Wieland/ Fürst, 2003, S. 10 f.

[172] Vgl. ebd., S. 18 f.

[173] Vgl. ebd., S. 31 f.

Abbildung 11: *Prinzipien und Instrumente des Wertemanagements*

(Eigene Darstellung in Anlehnung an: Wieland, 2004, S. 27)

	Leistungswerte	Kommunikationswerte	Kooperationswerte	Moralische Werte
Prinzipien/ Grundwerte	• Profit • Kompetenz • Motivation • Flexibilität • Kreativität • Innovation • Qualität	• Respekt • Zugehörigkeit • Offenheit • Transparenz • Risikobereitschaft • ...	• Loyalität • Teamgeist • Konfliktfähigkeit • Offenheit • Kommunikation • ...	• Integrität • Fairness • Soziale Verantwortung • Aufrichtigkeit • Gerechtigkeit • ...

	Strategie	Organisation	UN-Politik	Kommunikation	Kontrolle
Standard	• Grundwerte-Erklärung • Mission-/Visionstatement	• Compliance-Officer • UN-Kommunikation • Projekt-Management	• Absatz- und Beschaffungspolitik • Entgelt-Regelung • Anreiz-Regelung • Ziel-Vereinbarung	• Training • Internet/ Intranet • Reporting	• Whistleblowing • Interne Revision • Internes Audit • Dokumentation
WMS-spezifisch	• Code of Ethics/ Ethik-Kodex	• Nachhaltigkeit • Ethics-Officer • Ethik-Kommission • Ethik-Vorstand • Ethik-Hotline	• Code of Conduct • Sozialstandards	• Stakeholder-Dialog • Nachhaltigkeits-Bericht • Ethik-Training	• Ethik-Audit • Assurance-Programm

5.5.1 Ethik-Kodex

Die am weitesten verbreitete Maßnahme ist der Ethik-Kodex, wodurch sich die meisten Studien auch dieser widmen. Mit Hilfe dieses Instruments werden die „unternehmens-spezifischen Grundsätze in schriftlicher Form dokumentiert"[174]. Es ist ein, auf dem Prinzip der Selbstverpflichtung basierendes Dokument, welches alle betreffenden Mitarbeiter anleitet ihre Handlungsfreiheit verantwortungsbewusst auszunutzen. Dieses verantwortungsbewusste Wahrnehmen der Handlungsfreiheit ist nicht nur als ein unternehmensinternes Ziel zu sehen, sondern richtet sich ebenfalls an mögliche unternehmensexterne Stakeholder. Signifikant ist vor allem die Verbindung des Kodex mit Kunden und Lieferanten, den eigenen Mitarbeitern,

---

[174] Vgl. Kohlschmidt, 2007, S. 121

sowie der ökologischen Umwelt.[175] Der Einbezug der Stakeholder in Kombination mit der Kommunikation des Kodex durch eine Veröffentlichung z.b. auf der Homepage, führt zu einer „öffentlichen Bindung"[176] des Unternehmens mit seinen eigenen Leitsätzen, deren kritischer Prüfung es standhalten muss.

Unterscheiden lassen sich Kodizes in regel- und prinzipienbasierte. Das Unterscheidungsmerkmal stellt dabei die Konkretheit der Normen im Kodex dar. Prinzipien sind sehr allgemein gehalten und zielen auf einen breiten Anwendungsbereich, beinhalten aber die Gefahr, dass eine zu abstrakte Formulierung zu Interpretationsschwierigkeiten und somit zu zusätzlichen Unsicherheiten führen kann. Dagegen sind regelbasierende Kodizes fest umrissen und zielen auf spezielle Handlungssituationen ab. Man könnte auch sagen, dass regelbasierende auf prinzipienbasierenden Kodizes aufbauen und dem, in einer Konfliktsituation Stehenden, das Verständnis vermitteln, wie die Prinzipien angewendet werden sollten.[177] Werden bei der Implementierung eines Kodex beide Formulierungsmöglichkeiten gewählt, spricht man auf der einen Seite von dem schließenden Charakter, wodurch bei Adressaten des Kodizes der Eindruck entsteht, es handle sich um tatsächlich zu befolgende Gesetze, deren nicht Befolgung zu Strafen führen kann, und auf der anderen Seite vom öffnenden Charakter. Der öffnende Charakter regt die eigenverantwortliche Handhabung von Konfliktsituationen an und zielt somit auf die situationsspezifische Reflektion im Unternehmensalltag.[178]

Eingetragene Leitsätze beschäftigen sich mit den gängigen ethischen Konfliktfeldern, wie z.B. der Einhaltung der Menschenrechte, der Umweltschonung, dem Wahren von Unternehmensgeheimnissen, der Beziehung zu Stakeholdern, dem Umgang mit Korruption usw., aber auch mit der Förderung von „Whistleblowing"[179].

Vorrangig werden vier Funktionsdimensionen des Ethik-Kodex erwähnt, die hier kurz angerissen werden sollen:[180]

[175] Vgl. Marnburg, 2000, S. 205

[176] Vgl. Ulrich et al., 1999, S. 140

[177] Vgl. Talaulicar, 2007, S. 332

[178] Vgl. Ulrich et al., 1999, S. 141

[179] Whistleblowing bedeutet, dass „ein Unternehmensmitarbeiter unethische bzw. nicht rechtskonforme Handlungen des Unternehmens meldet." In vielen Fällen besteht dabei ein „Loyalitätskonflikt zwischen der Loyalität [...] gegenüber dem Unternehmen und der Loyalität gegenüber dem eigenen Gewissen, sowie der Gesellschaft [...]", Vgl. Tokarski, 2008, S. 315

[180] Vgl. Talaulicar, 2006, S. 121 ff.

- Ethisierungsfunktion: Verbesserung der Güte der Handhabung von ethischen Konfliktfällen und Förderung der Reflexion, sowie des ethischen Diskurses.
- Koordinationsfunktion: Basis für das aufeinander Abstimmen ethischer Reflexionsprozesse im Unternehmen.
- Strategische Integration: Ethik-Kodizes können einfach an die bisherigen Unternehmensleitsätze gekoppelt werden.
- Legitimierungs- und Deregulierungsfunktion: Über den Einbezug des Umfeldes kann rechtlichen Regelungen vorgebeugt werden.

Studien zeigen jedoch, dass Kodizes weniger eine Ethisierungsfunktion erfüllen im Sinne einer Wandlung der Einstellung der Mitarbeiter, sondern eher ein Symbol für den moralischen Prozess darstellen.[181] Als Symbol regt der Kodex durch seine Existenz und Beschreibung ethischer Konfliktfelder die Reflektion in kritischen Situationen an, wobei eine direkte Relation zwischen der ethischen Einstellung und den Kodexnormen in bisherigen Studien eben schwer nachweisbar erschien.

Gefährlich werden kann ein Kodex, wenn die Implementierung nicht branchenweit geschieht, d.h. andere Unternehmen keinen Kodex einführen und die Normen nicht befolgen. Dies kann für das ethisch engagierte Unternehmen zu einem Wettbewerbsnachteil führen und sich existenzgefährdend auswirken.

5.5.2 Ethik-Vorstand

Als eine Anlaufstelle in ethischen Fragen gibt es die Möglichkeit in der Führungstage eines Unternehmens eine Person zu benennen, die durch ihr Expertenwissen auf dem Gebiet der Ethik Hilfestellung leisten kann. Die Gefahr besteht in der hohen Stellung des Ethikvorstandes, wodurch ein Opportunismusproblem auftreten kann.[182] Mitarbeiter könnten den Ethikbeauftragten im Vorstand als „Spion" der Unternehmensleitung ansehen und seine Aufrichtigkeit in Frage stellen. Auf der anderen Seite hat der Ethikvorstand auch eine Vorbildfunktion und kann durch angemessenes Verhalten den Reflexionsprozess stark beeinflussen.

5.5.3 Ethik-Beauftragter/ „Ethics Officer"

Der Ethikbeauftragte oder wie in den USA genannt, der „Ethics Officer" ist eine hauptamtlich eingesetzte Ombudsperson, die unabhängig von der Geschäftsleitung fungiert, worin auch der

---

[181] Vgl. Marnburg, 2000, S. 208
[182] Vgl. Ulrich et al., 1999, S. 143

Unterschied zum Ethik-Vorstand zu sehen ist. Durch die Unabhängigkeit vom Vorstand wird auch das Opportunismusproblem, welches dem Ethikvorstand anhaftet, zum Teil gelöst. Seine besondere Fähigkeit liegt darin, als Ethikexperte Missstände zu untersuchen und die zuständigen Anlaufstellen zu benachrichtigen. Er ist also gleichzeitig Anlaufstelle, Koordinator und Controller in ethischen Fragen und steuert zusätzlich die Implementierung und Überwachung des Ethik-Kodex.[183]

In den USA ist dies eine weitverbreitete Maßnahme, die schon 1992 in der Gründung der „Ethics & Compliance Officer Association" (ECOA) mündete und bis 1996 bereits 300 Ethikbeauftragte in 250 Unternehmen registriert hatte.[184]

5.5.4 Ethik-Kommission

Ethik-Kommissionen können aus externen und internen Experten bestehen, deren Aufgabe es ist, die moralische Dimension der Unternehmensentscheidungen zu überwachen und ebenfalls Anlaufpunkt in ethischen Fragen zu sein. Sie hat durch ihre Unabhängigkeit damit unter anderem auch den Auftrag die Führungsetage selbst zu kontrollieren. Durch eine gut gewählte Zusammensetzung der Ethikkommission können in Konfliktsituation Lösungen erarbeitet werden, die auf einem breiten Konsens basieren und somit gewisse Legitimitätsansprüche erfüllen. Der Status von Ethikkommissionen als Beratungsgremium in ethischen Problemfällen wird gemäß einer Befragung von Mitgliedern der Führungsebene sowohl in Deutschland als auch in den USA als wichtig angenommen, wobei in den USA, durch die größere Erfahrung mit Ethikkommissionen, das Bekenntnis höher ausfällt.[185]

Auch bei diesem Instrument darf eine Hilfestellung bei der Implementierung eines Ethikkodex erwartet werden.[186] Die Gefahr bei Ethik-Vorständen, -Officer und -Kommissionen liegt in der Neigung von Führungspersönlichkeiten, diese zugunsten des eigenen Nutzens zu beeinflussen. Man spricht dann von einer Instrumentalisierung.[187]

5.5.5 Ethik-Training/ -Seminar/ - Workshop

Hierbei handelt es sich um eine pädagogische Maßnahme, die bei Mitarbeitern eine Grundlage schaffen soll, sich in kritischen Belangen besser unternehmensethischer Lösungs-

---

[183] Vgl. Ulrich et al., 1999, S. 144

[184] Vgl. Hoffman, 1999, S. 56

[185] Vgl. Kreikebaum et al., 2001, S. 99

[186] Vgl. Kohlschmidt, 2007, S. 125

[187] Vgl. Kunze, 2007, S. 196

möglichkeiten bedienen zu können. Um dem eigentlichen Sinn der Ethik, sich eigenverantwortlich zu verhalten, nicht entgegenzuwirken, sollten Schulungen in dem Bereich einer Atmosphäre der Offenheit unterliegen.[188] Dies bedeutet für die Schulungen auch, dass sie dem offenen Charakter ähneln, der dazu animiert eigenverantwortlich zu reflektieren. Die Kommunikation und Erklärung der Grundsätze des Ethik-Kodex, die Verdeutlichung der ethischen Dimension von Entscheidungssituation über Fallstudien und das Training von Dilemmasituationen sind Möglichkeiten die ethische Sensibilität zu schärfen. Diese Maßnahme stellt dahingehend eine Art Personalfortbildung dar. Ziel ist die Entwicklung eines Bewusstseins, um ethische Konfliktfelder zu erkennen, diese zu analysieren und eine positive Regelung zu entwickeln. Der Unterschied zwischen Workshops und Seminaren liegt in der Praxisnähe, wobei die Problemstellung in Workshops selbst erst erarbeitet wird, um danach gemeinsam eine Lösung zu finden. Das Ethikseminar ähnelt eher einer Vorlesung an einer Universität.

Studien haben gezeigt, dass Ethikausbildung tatsächlich das Verhalten in Konfliktsituationen verbessern kann.[189] Individuen, die sich der Ethikschulung ausgesetzt haben, waren gewillter das „Richtige" zu tun, als jene, die ohne eine Ethikschulung vor eine Konfliktsituation gestellt wurden. Eine Untersuchung, wie sich die Teilnehmer in einer Situation ähnlich dem Gefangenendilemma verhalten würden, zeigte ebenfalls einen signifikanten Unterschied zwischen Personen, die einer Ethikschulung unterzogen und nicht unterzogen wurden. Die Bereitschaft zu Kooperieren und damit das Risiko auf sich zu nehmen, dass der jeweilige andere nicht kooperiert war bei diesen Personen höher.[190]

5.5.6 Ethik-Diskussionsforen/ -Hotline

Diskussionsforen bieten definitionsgemäß eine Plattform zum gegenseitigen und gemeinsamen Dialog. Hier bietet sich für Mitarbeiter die Möglichkeit ihre Belange vorzutragen und mit anderen zu diskutieren. Diskussionsforen können real, durch regelmäßig stattfindende Zusammenkünfte erfolgen oder virtuellen Charakter im Sinne eines Internetforums haben. Durch die Möglichkeit der Veröffentlichung von Gesprächsergebnissen, können solche Diskussionen einen selbstbindenden Charakter entwickeln und damit die Teilnehmer dazu verleiten, erarbeitete Lösungsvorschläge auch tatsächlich einzuhalten.

---

[188] Vgl. Kohlschmidt, 2007, S. 125

[189] Vgl. Mayhew/ Murphy, 2008, S. 22; James/ Cohen, 2003, S. 8

[190] Vgl. James/ Cohen, 2003, S. 9

Die Ethikhotline ist ebenfalls eine Anlaufstelle für Mitarbeiter, wobei sie nicht regelmäßig stattfindet, sondern nach Bedarf als Instrument genutzt werden kann. Informationen bzgl. ethischer Missstände können hier vertraulich mitgeteilt werden, wodurch keine Gefahr einer Sanktionsaktion seitens der Unternehmensleitung besteht. Auf der anderen Seite wiederum ist negativ anzumerken, dass Anfragen teilweise nicht sofort oder überhaupt nicht bearbeitet werden können, da wegen der Anonymität keine Rücksprache gehalten werden kann.[191] Neben der Rückfrage in ethischen Konfliktsituationen fördert die Ethikhotline in besonderem Maße auch das „Whistleblowing", was wohl mit der Möglichkeit der Wahrung von Anonymität zusammenhängt.

5.5.7 Ethik-Audits/ -Controlling

Zwecks Bestandsaufnahme und Prüfung des Erreichten auf dem Gebiet der Ethik können Unternehmen interne oder externe Audits und Controller einsetzen. Controller sind in der Position die Prozesse im Unternehmen zu überwachen und neue Ideen zu entwickeln. Dagegen haben Audits die Aufgabe Bereiche in Unternehmen zu identifizieren, welche konfliktfördernd sind.[192] Setzt man externe Audits und Controller ein, so ist die Wahrscheinlichkeit größer, dass man Ergebnisse auf einem gängigen Branchenniveau erreichen wird, was wiederum dazu führt, dass die Legitimität der eigenen Handlungen des Unternehmens nach außen hin gestärkt werden kann. Ein Beispiel eines solchen externen Ethik-Audits stellt die bereits erwähnte „SA 8000" Initiative dar.

5.5.8 Sozio-/ Öko-/ Ethik-Bilanzierung

Auch bei einer Bilanzierung in den drei Bereichen sind die Ziele wohl darin zu sehen, die Legitimität der eigenen Handlungen nach außen hin zu stärken. Man möchte der Öffentlichkeit mitteilen, welche Anstrengungen man in den sozialen und ökologischen Bereichen unternommen hat, um aktiv an einer Situationsverbesserung des Unternehmensumfeldes teilzunehmen. Durch die Ethikbilanzierung bezweckt man die Kommunikation der qualitativen und quantitativen Folgen des ethischen Engagements nach außen.[193] Einen Standard, an dem sich Unternehmen bei der Bilanzierung orientieren können, bietet die GRI Initiative.

---

[191] Vgl. Kohlschmidt, 2007, S. 127
[192] Vgl. ebd., S. 128
[193] Vgl. ebd., S. 130

5.6 Wertemanagement – Bewertung

An dieser Stelle soll eine Beurteilung des Wertemanagements durchgeführt werden. Auf der einen Seite kann das Wertemanagement zu einem Erfolgsfaktor für das Unternehmen werden und auf der anderen Seite tatsächlich das Bewusstsein für ethische Probleme schärfen. Zu den Stärken im Bereich des Unternehmenserfolgs gehören zweifelsohne Risikomanagement und -Prävention, das Vermeiden staatlicher Regulierung und das Lieferantenscreening, was bedeutet, dass Unternehmen ihre Auswahl im Bereich der Beschaffung auch nach ethischen Kriterien treffen können und somit nach außen kommunizieren, dass sie nur mit Unternehmen zusammenarbeiten, die aktiv ihre gesellschaftliche Verantwortung wahrnehmen.[194] Auf der anderen Seite birgt das Wertemanagement Chancen auf dem Absatzmarkt, und zwar um durch aktive Kommunikation des Engagements an zusätzliche Aufträge zu gelangen. Auch fördert ein Wertemanagement die wertorientierte Kooperationsbeziehung mit Lieferanten und Abnehmern. Unzweifelhaft ist diesbezüglich das Reputationsmanagement im Rahmen von Marketingzielen an dieser Stelle zu nennen, was wiederum z.B. zu einer Erhöhung der Markenbekanntheit führt. Selbst die Kritiker verweisen auf dieses Argument, wobei es deren Ansicht nach auch der einzige Grund ist. Durch die Integration des Wertemanagements in bisherige Unternehmensprozesse und der dadurch bedingten Verbesserung von Stakeholderbeziehungen können Trends des Unternehmensumfeldes erkannt und in die Unternehmensstrategie eingebracht werden.

Das Wertemanagement bietet durch seine vielfältigen Instrumente Hilfestellungen für überforderte Mitarbeiter, ist demnach reaktiver Natur, bildet die Mitarbeiter jedoch auch auf dem Gebiet der Unternehmensethik aus, wodurch es ebenfalls eine proaktive Gestalt annimmt. Mitarbeiter selbst erlangen die Fähigkeit sich konfliktreduzierend zu verhalten, was sie selbst vor „staatlichen Sanktionen, Haftung, Abmahnung und Kündigung"[195] schützt. Kurz gesagt wird die ethische Sensibilität und Sensitivität des gesamten Unternehmens vergrößert. Diesbezüglich bildet sich bei den Mitarbeitern Vertrauen, was sowohl bei der Mitarbeiterakquisition wertvoll erscheint, als auch zu höherer Leistungserbringung motivieren kann.

Einer Umfrage von *BOOZ ALLEN HAMILTON[196]* unter 150 führenden Unternehmen im deutschsprachigen Raum zur Folge, haben sich 95% dafür ausgesprochen, dass Werte zusätzlichen wirtschaftlichen Nutzen schaffen. Von mindestens der Hälfte der Befragten

---

[194] Vgl. Wieland, 2009, S. 29

[195] Vgl. Kunze, 2007, S. 220

[196] Vgl. o.V., Booz Allen Hamilton, 2003, S. 3 ff.

waren die Förderung interner Kooperation, die Imageverbesserung, die Limitierung des Geschäftsrisikos und die Förderung sozialer Verantwortung Hauptattribute des Wertemanagements. Ein Nachteil ist sicherlich die finanzielle Belastung und der Einsatz von zusätzlichem Humankapital, z.b. in Form eines Projektbeauftragten zu Beginn der Implementierung und bei der Gestaltung, Ausführung, Steuerung und Kontrolle des Prozesses. Hier lässt sich aber konträr aufführen, dass Wertemanagement auf die nachhaltige Sicherung der Unternehmensexistenz zielt und die Investition somit eine „Investition in die Zukunft" darstellt. Obwohl eine positive wirtschaftliche Wirkung des Wertemanagements und damit einer Unternehmensethik von vielen Führungspersönlichkeiten bejaht wird, ist jedoch die quantitative Messung schwer realisierbar. Vor allem die direkte Ableitung des Unternehmenserfolgs aus ethischen Handlungen gestaltet sich oftmals schwer.

Mit Risiko behaftet ist jenes Szenario, in welchem ein Unternehmen zwar den Anspruch nach außen kommuniziert, sich nachhaltig zu engagieren, jedoch in Wirklichkeit die dadurch entstehenden Erwartungen der Stakeholder nicht erfüllen kann. Durch das Auseinanderklaffen von Anspruch und Wirklichkeit kann ein „Rebound Effekt" entstehen, der sich dann als „Wettbewerbsnachteil"[197] entpuppt.

6 Führungsethik

Die bisherigen Ausführungen zeigen, wie man ethisches Verhalten von und in Unternehmen fördern kann. Stakeholdermanagement, CSR und CC haben gezeigt, in welchen Beziehungsgeflechten Unternehmen stehen und wie Verantwortung im Umfeld übernommen werden kann. Wertemanagementsysteme dagegen sind darauf ausgerichtet ethische Verantwortung nicht nur nach außen hin zu übernehmen, sondern einen Werteverfall im Unternehmen zu verhindern und aktiv ein gutes Miteinander zu fördern. Im Rahmen der Corporate Governance ist die Bedeutung der Unternehmensführung im Zusammenhang mit den Eigenkapitalgebern für ein erfolgreiches Unternehmertum angedeutet worden. Jedoch geht die, in diesem Kapitel gestellte Frage darüber hinaus. Welche Rolle übernehmen die Führungspersönlichkeiten bei der Implementierung von Unternehmensethik? Welche Rolle spielen sie als Vorbild, im Sinne eines Vorlebens, der in einem Kodex formulierten Werte, für ihre untergeordneten Mitarbeiter? Welche Aspekte muss man beachten, um ein gutes Vorbild zu sein? Diese und ähnliche Fragen sind an dieser Stelle von Bedeutung.

---

[197] Vgl. Kunze, 2007, S. 222

Es gibt einige Studien die den Einfluss von Führungspersönlichkeiten belegen. Eine Umfrage von *J.C. PECH*[198] unter 25 Managern im deutschsprachigen Raum, zeigte z.b. dass ihre ethische Grundeinstellung die Wahl des Unternehmensleitbildes, der Unternehmensziele und - Strategien und die Wahl der ergriffenen Maßnahmen beeinflusst. Logisch betrachtet, liegt dies auf der Hand. Es benötigt tatsächlich die Führungspersönlichkeit, um ethische Maßnahmen eines Unternehmens in die Wege zu leiten und Leitsätze zu formulieren.

Andere wichtige Studien bekräftigen den Zusammenhang zwischen ethisch gutem Management und der Bindung von Mitarbeitern mit ihrem Unternehmen oder der Bereitschaft am, vom Unternehmen vorgelebten Engagement, teilzunehmen. Zu Ersterem haben *PONNU/ TENNAKOON*[199] die These bekräftigt, dass ethische Führung eines Unternehmens sowohl die Bindung eines Mitarbeiters, als auch das Vertrauen in die Führungspersönlichkeit erhöhen. Diese Eigenschaften wiederum beeinflussen die Zufriedenheit der Mitarbeiter und führen zu einem guten oder schlechten Arbeitseinsatz der Beteiligten.[200] Die Verbindung zwischen ethischem Führungsstil und der Bereitschaft der Mitarbeiter zu einem Engagement, welches über die vertraglichen Pflichten hinausgeht, haben *MAYER ET AL.*[201] untersucht. Dieses Engagement, in der Literatur „Organizational Citizenship Behaviour" (OCB) genannt, korreliert demnach positiv mit dem Management und seinem ethischen Führungsstil. Führt und behandelt ein Manager seine Mitarbeiter gut und gerecht, sind sie ihrerseits gewillter sich gut und gerecht zu verhalten. Umgekehrt fördert eine ethisch inakzeptable Führung die missgünstigen Verhaltensweisen von Mitarbeitern. Außerdem kommen sie zu dem Schluss, dass die Wirkung eines ethischen Managements von einer Organisationsebene auf die nächste fließt.[202]

Man erkennt die vielfältigen Möglichkeiten und Wege, um den Einfluss von Führung auf das Unternehmen und seine Mitarbeiter zu untersuchen und nachzuweisen. Die empirischen Belege sind jedoch nur eine Bestätigung dessen, was theoretisch längst erarbeitet wurde, nämlich die Schlüsselrolle der Führungsebene in ethischen Belangen. Es ist ihre Aufgabe

---

[198] Vgl. Pech, 2007, S. 171 ff. und S. 230 ff. ; Zu ähnlichen Ergebnissen kamen *Thomas/ Simerly*, die einen Zusammenhang zwischen dem Hintergrund von Führungspersönlichkeiten und der „Corporate Social Performance" nachwiesen. Vgl. Thomas/ Simerly, 1994, S. 964

[199] Vgl. Ponnu/ Tennakoon, 2009, S. 27 ff.

[200] Vgl. Sims/ Kroeck, 1994, S. 944 ff.

[201] Vgl. Mayer et al., 2009, S. 8 ff.

[202] Vgl. ebd., S. 10

Initiator und Vorbild gleichzeitig zu sein, um die Organisationskultur[203] nachhaltig zu verbessern.

Desweiteren ist zu klären, wie eine gute Führungsethik zu definieren ist. Hierbei sollte das Augenmerk weniger auf Attribute der einzelnen Personen gelegt werden, als vielmehr auf die Erarbeitung eines Rahmenkonzepts, nach welchem gehandelt werden kann.

Ein Individuum in einer Führungsposition zeichnet sich durch seine Machtposition, die sich aus seinem Wissen oder seinen Charaktereigenschaften ableitet und seinen Tugenden aus, die ihm erlauben Gegebenheiten in Unternehmen zu verändern, da die untergeordneten Mitarbeiter ihm zu folgen haben.[204] Durch diese Machtunterschiede zwischen der Führungspersönlichkeit und seinen Untergebenen, hat sie auch Verantwortung gegenüber diesen. Theoretiker gehen davon aus, dass ein Anführer sich eben durch seine Beziehung zu den Unterlegenen auszeichnet und sehen darin auch den Ansatz zu weiteren Überlegungen. Dabei kann sich die ethisch gute Führungspersönlichkeit an Eigenschaften der philosophischen Theorie des Personalismus ausrichten, die die Person in den Mittelpunkt stellt, ihre Autonomie und Menschenwürde bestärkt und ihre positive Entwicklung an die Partizipation in der Gemeinschaft knüpft.[205] Somit hat ein Anführer die Aufgabe, seinen Fokus auf die Bedürfnisse seiner Mitarbeiter zu richten und sie als „Ziel, nicht Mittel"[206] zu sehen. Integrität und Altruismus werden dabei sehr oft als die wichtigsten Eigenschaften einer ethischen Führungspersönlichkeit genannt. Sie muss das Ziel verfolgen Vertrauen der Mitarbeiter und ihr Selbstwertgefühl zu stärken, selbst wenn man dabei persönliche Einbußen hinnehmen muss.[207]

Andere Theoretiker betrachten die Führungspersönlichkeit als ein, sich den situativen Gegebenheiten anpassendes Individuum. Sie muss ihren persönlichen Stil an die Situation anpassen und die von den Mitarbeitern geforderten Eigenschaften adaptieren.[208] Jene Flexibilität und Anpassungsgabe wirkt sich positiv auf die Mitarbeiter aus, indem sie signalisiert, dass die Führungspersönlichkeit die Bedürfnisse ernst nimmt, was wiederum zu einer höheren Motivation und Loyalität führen kann.

---

[203] Die Organisationskultur besteht aus gemeinschaftlicher Orientierung und Werten. Auf Unternehmensebene wird individuelles Verhalten, welches auf emotionalen und kognitiven Elementen basiert, vereinheitlicht. Dazu vgl. Zielowski, 2006, S. 46

[204] Vgl. Ciulla, 2005, S. 326

[205] Vgl. Whetstone, 2002, S. 385 f.

[206] Vgl. Karmasin/ Litschka, 2008, S. 194

[207] Vgl. Martin et al., 2009, S. 139

[208] Vgl. Freeman, 2005, S. 89

Eine weitere Strömung geht in Richtung einer Definition von Werten, die eine Führungs-persönlichkeit erfüllen muss. Im Aufgabenbereich ist jedoch nicht nur die eigene Fortbildung auf diesem Gebiet, sondern auch die Weiterbildung von Mitarbeitern, was z.b. mittels eines Wertemanagements, wie oben beschrieben, erfolgen kann. Wichtige Werte des guten Führungsstils hat die Organisation „Global Leadership and Organizational Behavior Effectivness" (GLOBE) formuliert, welche mit Hilfe ihrer Studien, kulturelle Einflüsse auf Führungsstile und Unternehmenspraktiken untersucht, um länderspezifische Verhaltensweisen und Strukturen besser verstehen zu können.[209]

Führungspersönlichkeiten müssen sich also in Relation zu ihren Untergebenen, in einem situativen Kontext eingebunden, entscheiden, was zu tun ist. Ihre Tugenden und Fähigkeiten entscheiden dabei, wie sie wahrgenommen werden und welche Wirkung sie hinterlassen. Abbildung 12 bietet eine Übersicht.

Abbildung 12: *Führungsethik – Modell*

(Eigene Darstellung in Anlehnung an: Freeman, 2005, S. 88)

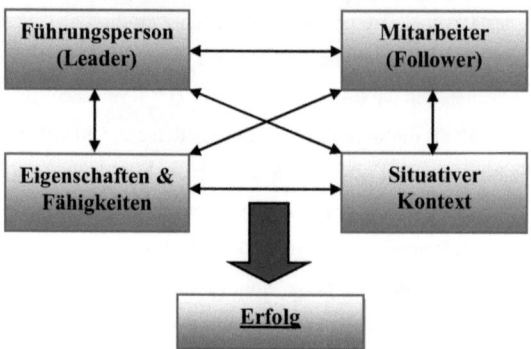

7   Schluss

7.1   Zusammenfassende inhaltliche Betrachtung

Der Ausgangspunkt dieser Arbeit waren Definitionen eines Unternehmens und der Ethik, sowie mit dieser verwandter Konzepte und Begriffe, welche dann zu einer Definition der Unternehmensethik geführt haben. Hervorgehoben wurde vor allem der Verantwortungs-begriff, der durch das Stakeholdermanagement an die unternehmerische Praxis herangeführt wurde. Ziel war es, verschiedene Wege zur Implementierung einer Unternehmensethik und

---

[209] Vgl. Martin et al., 2009, S. 129

Übernahme von Verantwortung zu beschreiben und darüber hinaus zu zeigen, dass Ethik und Wirtschaftlichkeit sich nicht gegenseitig ausschließen bzw. restriktiv, jeweils der anderen Theorie gegenüber wirken. Demnach beschränkt weder die Ethik das rationale Nutzenstreben eines Unternehmens, noch schließt dieses Nutzenstreben ein moralisch einwandfreies Verhalten aus. Vielmehr dehnt sich diese Überlegung dahingehend aus, dass Ethik für ein Unternehmen sogar ein Wertetreiber werden kann. Für ein Unternehmen, das sich ethisch profilieren will, zeigt Abb. 3 jenen Zustand, wo Moral und Rentabilität im Einklang sind, welcher auch „positiver Kompabilitätsfall" genannt wird. Diesen Bereich zu erreichen sollte des Unternehmens Ziel sein.

Die beschriebenen Konzepte wurden in einer Reihenfolge präsentiert, die den Unternehmen auch Schritt für Schritt eine Anleitung bietet, wie sie ihrer Verantwortung gerecht werden können. Der erste Schritt ist demnach eine gesetzestreue und transparente Unternehmensführung, was mit dem Konzept der Corporate Governance in Verbindung gebracht wurde. Ohne diese Gesetzestreue hat auch eine darüber hinausgehende Ethik keinen Sinn. Den zweiten Schritt stellt das Stakeholdermanagement dar. Es dient dem Gewahr werden von Anspruchsgruppen und der Analyse von internen und unternehmensnahen Problemen im Umfeld. Corporate Social Responsibility und Corporate Citizenship greifen das Stakeholdermanagement auf und bieten Leitlinien, nach denen ein Unternehmen gegenüber seinen Stakeholdern nachhaltig Verantwortung übernehmen kann.

Für Unternehmen, die durch ein CSR Engagement Neuland betreten und dadurch unsicher sind, welche Bereiche von Bedeutung sein könnten oder sich ihre Fortschritte zertifizieren lassen wollen, gibt es einige Standardisierungsmöglichkeiten. Initiativen, wie der UN Global Compact oder die SA 8000 bieten dahingehend Hilfestellung und fördern darüber hinaus die Vergleichbarkeit und den Austausch von Erfahrungen.

Ein Wertemanagement verfolgt zwar auch das Ziel verantwortungsvoller Unternehmensführung, setzt jedoch auf die Schaffung einer Wertekultur innerhalb des Unternehmens, die seine Angehörigen, d.h. die Führungsetage und Mitarbeiter, in einen Prozess einbezieht, der sie lehrt, wie sie ihre Handlungsfreiheit moralisch gerechtfertigt nutzen können. Im Gegensatz zur Corporate Responsibility, die das Unternehmen als Ganzes in der Verantwortung sieht, richtet es sich demnach mehr an jeden Einzelnen im Unternehmen und probiert diesen in ethischen Fragen zu sensibilisieren. Das WMS^{ZfW} wurde dabei als Beispielmodell des Wertemanagements im Unternehmen aufgeführt. Jeweils im Anschluss an die Beschreibung der Konzepte, wurde der Versuch unternommen mögliche Auswirkungen in ökonomischer Hinsicht zu erörtern. Kurze Beispiele aus der Unternehmenspraxis runden das Gesamtbild ab.

Zum Ende hin wurde außerdem die Rolle von Führungspersönlichkeiten verdeutlicht. Sie verinnerlichen die beiden Funktionen des Initiators einer Implementierung von Unternehmensethik und des Vorbilds für die nachgeordneten Unternehmensangehörigen.

Folgende Abbildung soll nochmal einen umfassenden Überblick bieten.

Abbildung 13: *Modell der Implementierung von Unternehmensethik*

(eigene Darstellung)

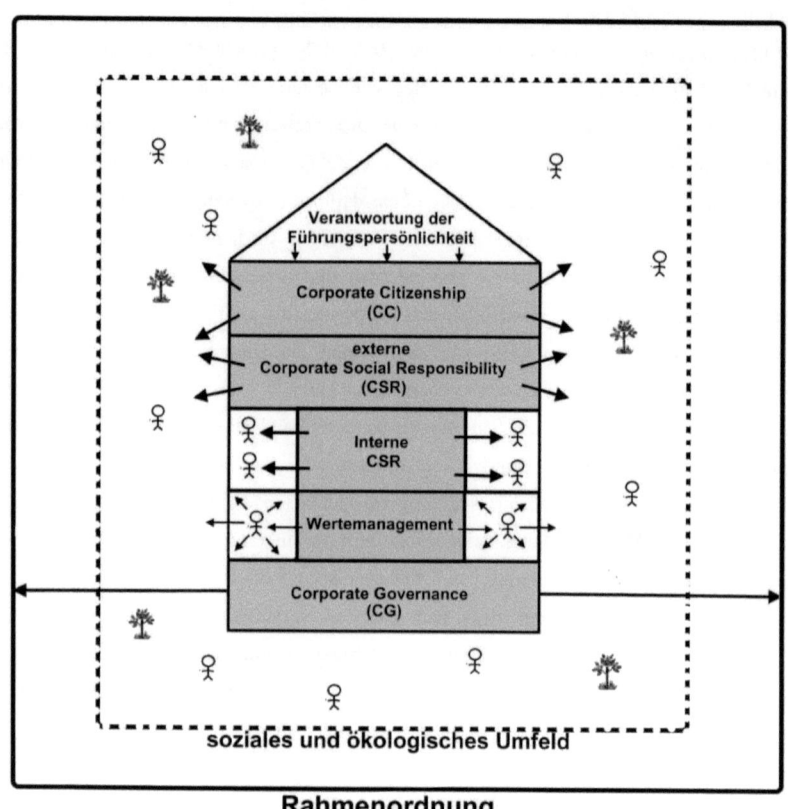

7.2   Fazit

Vorab ist zu sagen, dass Unternehmensethik ein dualistisches Wertesystem, bestehend aus Ökonomik und Moral zu einer Einheit zusammen führen und darüber hinaus neue Werte generieren „kann". „Gute" Unternehmensführung sei dann tatsächlich auf Gutem gegründet. Man sollte die Unternehmensethik jedoch nicht als Wunderheilmittel sehen, das den Geschäftsbetrieb auf Anhieb reinigt, ihn für negative Kritik immunisiert und im gleichen Atemzug wirtschaftlichen Erfolg garantiert. Überwiegend ist die Rede von einem Ethisierungsprozess und nicht von einer punktuellen Ethisierung, die maximale Wertgenerierung garantiert. Deshalb sollte Unternehmensethik auch auf der strategischen Ebene mit der bisherigen Unternehmensausrichtung verschmelzen, um das Gebot der Nachhaltigkeit einzuhalten. Außerdem muss man sich als Unternehmer bewusst werden, dass Unternehmensethik, trotz dessen, dass es am Anfang keinen rein ökonomischen Nutzen verursacht, erhebliche ökonomische Kosten verursachen wird, sei es durch die Umstellung auf umweltfreundliche Produktionsanlagen, durch philanthropisches Engagement oder durch das Installieren von Wertemanagementstrukturen im Unternehmen.

Die Chance für Unternehmen liegt vor allem in der Tatsache, dass Gesellschaft und Politik sich des ökologischen und sozialen Umfangs unternehmerischer Tätigkeit bewusst werden und ein Engagement diesbezüglich in Zukunft immer mehr eingefordert werden wird. Außerdem fordert eine Verschärfung des Wettbewerbs neue und nicht imitierbare Stärken. Unternehmen sollten Trends[210] erkennen und sich frühzeitig dafür entscheiden, freiwillig die beschriebenen Wege für die Implementierung einzuschlagen, um so vielleicht einen Wettbewerbsvorteil aufzubauen, der sich seinerseits direkt aus dem Umfeld des Unternehmens und der Gesellschaft ableitet. Außerdem sind gewisse Unternehmenswerte oder eine spezielle Organisationskultur schwieriger zu imitieren, als z.B. Produktionskostenvorteile. Verstärkend wirkt sich diesbezüglich die gezielte Kommunikation nach innen und nach außen aus. Sie sollte deswegen ebenfalls gezielt und strategisch durchgeführt werden. Auf diesem Weg rücken sich Unternehmen absichtlich ins Licht der Aufmerksamkeit, um Interessierten zu zeigen, dass man seine Rolle als Wirtschaftsbürger begriffen hat. Unternehmen bleibt es selbst überlassen, ob sie dies eigenständig machen oder sich extern z.B. prüfen und zertifizieren lassen. Ein neuer Trend geht auch in die Richtung, dass der Aktienmarkt sich ethisch sensibilisiert, d.h. Anlageempfehlungen werden nicht nur aufgrund von ökonomischen, sondern auch aufgrund ökologischer und sozialer Indikatoren gegeben.[211] Es besteht diesbezüglich mittels einer Unternehmensethik die Möglichkeit, Wettbewerbsvorteile auf dem Finanzmarkt zu generieren.

---

[210] Stakeholder Management und Formen von sozialer Zusammenarbeit mit externen Organisationen fördern dabei die Informationsbeschaffung und das Erkennen von Umwelttrends.

[211] Entsprechende Aktienindizes wurden im Laufe der Arbeit bereits erwähnt.

Schafft es ein Unternehmen sich in ökonomischer, sozialer und ökologischer Hinsicht nachhaltig zu profilieren und dadurch das Image eines „Social Player" aufzubauen, wird der Vertrauensaufbau im Umfeld des Unternehmens gefördert. Davon können Beziehungen auf dem Absatz und Beschaffungsmarkt profitieren, was eine effektivere und effizientere Ausgestaltung der Wertschöpfungskette erlaubt und dies wiederum führt zu einer verbesserten Kosten- und Umsatzsituation. Als positiver Nebeneffekt darf wohl auch die lokale Vernetzung des Unternehmens aufgeführt werden. Externe Steigerung der Attraktivität des Unternehmens auf dem Arbeitsbeschaffungsmarkt kann ebenso eine Folgewirkung von Unternehmensethik sein, wie die interne Motivation der Mitarbeiter. Durch das konsequente Wertemanagement innerhalb eines Unternehmens, wird eine Sensibilisierung angestrebt, eine Ethisierung der Organisationskultur, die sowohl auf der Mikro- als auch auf Mesoebene proaktiv gute Verhaltensweisen etablieren und präventiv vor staatlichen Sanktionen schützen kann.

Wie schon erwähnt ist Unternehmensethik kein Patentrezept. Man muss sie strategisch planen und an die Strategie des Unternehmens koppeln. Erfahrungslose Unternehmen laufen Gefahr sich in die öffentliche Diskussion zu rücken, ohne dabei ein befriedigendes Ausmaß zu erfüllen und damit noch mehr negative Kritik zu ernten, als ohne Unternehmensethik. Verstärkend wirkt sich darauf aus, dass Stakeholder durch die Medien und das Internet erleichterten Zugang zu Informationen haben. Geheimhaltung ist weitgehend ausgeschlossen. Eine mögliche Hilfestellung in dieser Hinsicht bieten die Standardisierungsmaßnahmen, welche Vergleichbarkeit und Meinungs- sowie Erfahrungsaustausch fördern. Unternehmen, die Unternehmensethik als Instrument benutzen wollen, um sich besser aufzustellen, ohne nachhaltige Ziele zu verfolgen, könnte ein ähnliches Schicksal ereilen. Geht man jedoch vom Guten im Menschen, folglich vom Guten in einer Organisation aus und betrachtet die Erkenntnisse der Wissenschaft und Praxis auf dem Gebiet, so möchte man die These befürworten, dass Ethik und Rentabilitätsstreben sich nicht gegenseitig ausschließen und sogar verstärken können. Und sogar wenn Ethik vielleicht bestimmte, durch fragwürdige Praktiken erzielte, Gewinne verhindert, so eröffnet sie im Umkehrschluss viel größere und nachhaltigere Potentiale für das Unternehmen Die folgende Abbildung soll diese Erkenntnis nochmal verdeutlichen.

Abbildung 14: *Ethik und Rentabilität im Zusammenspiel*

(eigene Darstellung)

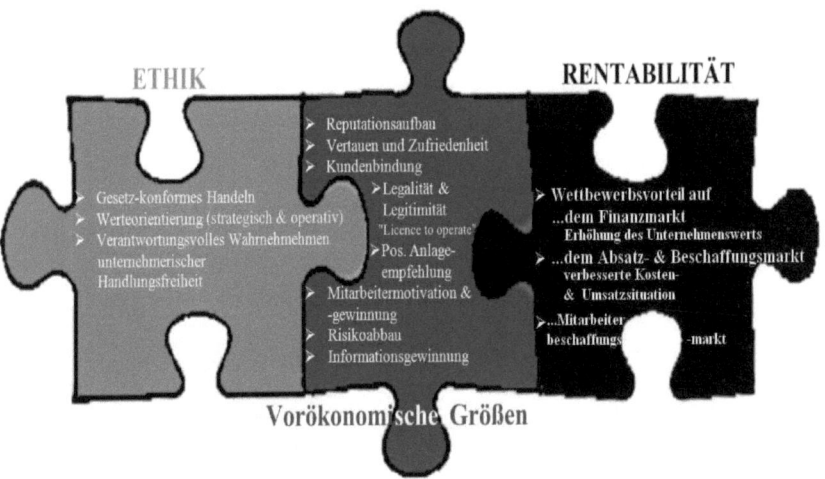

Anhang

Anhang A – Abbildungen

Abbildung A1: *Stakeholdertypologie nach Beinflussungspotential*

(Eigene Darstellung in Anlehnung an: Roloff, 2002, S. 79)

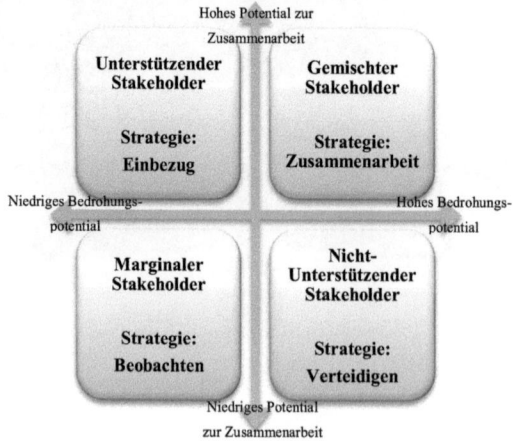

Abbildung A2: *10 Prinzipen des Global Compact*

(eigene Darstellung in Anlehnung an: o.V., UN Global Compact, o.J.)

MENSCHENRECHTE	• **Prinzip I:** Unternehmen sollen den Schutz der internationalen Menschenrechte innerhalb ihres Einflussbereichs unterstützen und achten und ... • **Prinzip II:** ... sicherstellen, dass sie sich nicht an Menschenrechtsverletzungen mitschuldig machen
ARBEITSNORMEN	• **Prinzip III:** Unternehmen sollen die Vereinungsfreiheit und die wirksame Anerkennung des Rechts auf Kollektivverhandlungen wahren sowie ferner für... • **Prinzip IV:** die Beseitigung aller Formen der Zwangsarbeit, • **Prinzip V:** die Abschaffung der Kinderarbeit, • **Prinzip VI:** die Beseitigung von Diskriminierung bei Anstellung und Beschäftigung eintreten
UMWELTSCHUTZ	• **Prinzip VII:** Unternehmen sollen im Umgang mit Umweltproblemen einen vorsorgenden Ansatz unterstützen, • **Prinzip VIII:** Initiativen ergreifen, um ein größeres Verantwortungsbewusstsein für die Umwelt zu erzeugen, und • **Prinzip IX:** die Entwicklung und Verbreitung umweltfreundlicher Technologien fördern
KORRUPTIONSBEKÄMPFUNG	• **Prinzip X:** Unternehmen sollen gegen alle Arten der Korruption eintreten, einschließlich Erpressung und Bestechung

Abbildung A3: *GRI Reporting Framework*

(Vgl. o.V, GRI, o.J., S. 3)

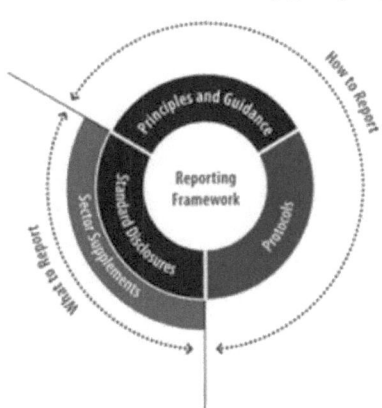

Abbildung A4: *Grundkonzeption Zertifizierungsstandards SA 8000*

(Eigene Darstellung in Anlehnung an: Gilbert/ Rasche, 2007, S. 199)

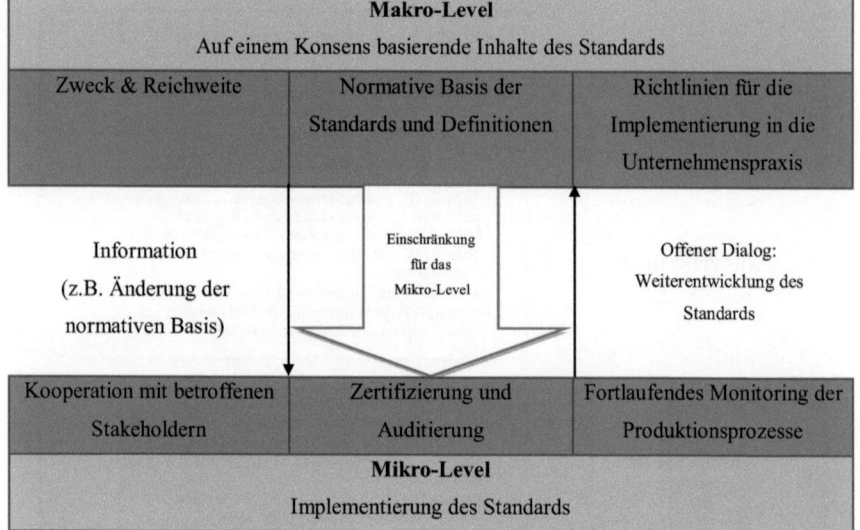

Makro-Level		
Auf einem Konsens basierende Inhalte des Standards		
Zweck & Reichweite	Normative Basis der Standards und Definitionen	Richtlinien für die Implementierung in die Unternehmenspraxis
Information (z.B. Änderung der normativen Basis)	Einschränkung für das Mikro-Level	Offener Dialog: Weiterentwicklung des Standards
Kooperation mit betroffenen Stakeholdern	Zertifizierung und Auditierung	Fortlaufendes Monitoring der Produktionsprozesse
Mikro-Level		
Implementierung des Standards		

Anhang B – Tabellen

Tabelle B1: *Korrelationsbeziehung zwischen Instrumenten und Wirkungen*

(Eigene Darstellung in Vgl. Hammann et al., 2009, S.47)

	Instrumente			
Auswirkung auf Mitarbeiter	Partizipation bei der Entscheidungsfindung	Mitarbeiterorientierter Arbeitsplatz	Mitarbeiterunterstützung	
Mitarbeiterzufriedenheit	.267	.231	.200	
weniger Fehlzeiten	.226	.345	.251	
erhöhte Motivation	.311	.286	.324	
Auswirkung auf Kunden	Bereitstellung von Information	Einhaltung von Qualitätsstandards	Preis/ Leistungsverhältnis	Kulanzbereitschaft
Kundenzufriedenheit	.167	.230	.139	.279
niedrigere Preissensibilität	.196	.196	.331	.293
konstruktives Feedback	.284	.223	.260	.309
Allgemeine Auswirkung	Spenden	Partnerschaften	Randgruppenintegration	soziales Engagement
Image & Reputation	.296	.198	.186	.260

Signifikanzniveau: 0,01

Tabelle B2: *Struktur der ISO 26000*

(Eigene Darstellung in Anlehnung an: Rho, 2007, S. 6)

	Aufgabe	Zweck
0	Einleitung (Introduction)	Informationen bzgl. des Inhalts und Gründe für die Ausarbeitung des Standards. Zielbeschreibung mit informativem Charakter.
1	Reichweite (Scope)	Beschreibung des Gegenstands des Standards, sowie der Grenzen der Anwendbarkeit.
2	Normative Hinweise (normative references)	Angabe jener Dokumente, die im Zusammenhang mit dem Standard berücksichtigt werden müssen.
3	Stichworte und Definition (Terms and Definitions)	Definitionen von Begriffen, welche im Standard verwendet werden.
4	Das Konzept sozialer Verantwortung (the context and concept of social responsibility)	Historische und zeitgenössische Begriffsklärung sozialer Verantwortung. Bearbeiten von Fragestellung, die im Rahmen sozialer Verantwortung auftreten. Einbezug von Stakeholdern und ihren Ansprüchen.
5	Prinzipien sozialer Verantwortung (Principles of social responsibility)	Herleiten von Prinzipien sozialer Verantwortung aus einer großen Vielfalt von Quellen. Einbezug von Stakeholdern und ihren Ansprüchen
6	Leitlinien für Kernfragen sozialer Verantwortung (Guidance on social responsibility core issues)	Bereitstellen von Leitlinien für Kernthemen und -fragen im Bezug auf Unternehmen. Einbezug von Stakeholdern und ihren Ansprüchen.
7	Leitlinien für die Implementierung sozialer Verantwortung in Unternehmen (Guidance for an organization on implementing social responsibility)	Vorgaben zur Umsetzung und Integration sozialer Verantwortung in Unternehmen, einschließlich Strategien, Methoden, Performance-Bewertung, Berichterstattung und Kommunikation. Einbezug von Stakeholdern und ihren Ansprüchen
	Anhang (Annex)	Bei Wunsch besteht die Möglichkeit weitere Informationen anzuhängen.

Tabelle B3: *Inhalte eines Nachhaltigkeitsberichts gemäß GRI – Ein Überblick*
(eigene Zusammenstellung in Anlehnung an: o.V., GRI, o.J., S. 19 ff.)

Bereich	Spezifikation der Inhalte
Ökonomie	• Ökonomische Performance • Marktpräsenz • Indirekte wirtschaftliche Auswirkungen
Ökologie	• Material-, Energie-, Wasserverbrauch • Schutz der Artenvielfalt • Emissionen, Abwässer und Abfälle • Produkt und Service – Auswirkung auf Ökologie • Transport – Auswirkung auf Ökologie • Gesamtausgaben für Ökologische Nachhaltigkeit
Menschenwürdige Arbeitspraktiken	• Arbeitsverhältnis, Vertragsverhältnis, Zusatzleistungen • Arbeitssicherheit und Gesundheitsvorsorge • Aus- und Weiterbildungsmöglichkeiten • Vielfalt und Chancengleichheit
Menschenrechte	• Diskriminierung und Wahrung der Rechte Eingeborener • Vereinigungsfreiheit • Kinder- und Zwangsarbeit • Sicherheitsvorkehrungen am Arbeitsplatz
Gesellschaft	• Maßnahmen zur Förderung gesellschaftlicher Entwicklung • Korruption • Teilnahme am politischen Veränderungsprozess • Wettbewerbswidriges Verhalten • Compliance – Strafen durch Nichteinhaltung von Gesetzen
Produktverantwortung	• Verwendungssicherheit des Produkts • Bereitstellung von Produktinformationen • Gesetzeswidrige Marketingmaßnahmen • Einhalten der Privatsphäre von Verbrauchern

XIII

Literaturverzeichnis

ALBACH, HORST (2008): *Grundsätzliche Überlegungen zur Allgemeinen Ethik und zur Rolle der Unternehmensethik in der Unternehmenstheorie, in: Scherer, Andreas Georg; Patzer, Moritz, (Hrsg.), Betriebswirtschaftslehre und Unternehmensethik*, 1. Auflage, Betriebswirtschaftlicher Verlag Dr. Th. Gabler; GWV Fachverlage GmbH, Wiesbaden 2008, S. 3 – 13 (zitiert als: Albach, 2008)

ANDERSEN, BJØRN; FAGERHAUG, TOM; HENRIKSEN, BJØRNAR; ONSØYEN, LARS E. (2008): *Mapping Work Processes,* American Society for Quality, Quality Press, Milwaukee 2008 (zitiert als: Andersen et al., 2008)

ATTAS, DANIEL (2004*): A Moral Stakeholder Theory of the Firm*, in: Zeitschrift für Wirtschafts- und Unternehmensethik, Ausgabe 3/ 2004, S. 312 – 318 (zitiert als: Attas, 2004)

BARNEY, JAY B.; HANSEN, MARK H. (1994): *Trustworthiness as a Source of Competetive Advantage,* in: Strategic Management Journal, Vol. 15, Special Issue: Competetive Organizational Behavior, 1994, S. 175 – 190 (zitiert als: Barney/ Hansen, 1994)

BELIVEAU, BARBARA; COTTRILL, MELVILLE; O'NEILL, HUGH M. (1994): *Predicting Corporate Social Responsiveness: A Model Drawn from Three Perspectives,* Journal of Business Ethics, Vol. 13, Number 9, 1994, S. 731 – 738 (zitiert als: Beliveau et al., 1994)

BESCHORNER, THOMAS (2008): *Unternehmensethik. Theoretische Perspektiven für eine proaktive Rolle von Unternehmen, in: Scherer, Andreas Georg; Patzer, Moritz, (Hrsg.), Betriebswirtschaftslehre und Unternehmensethik*, 1. Auflage, Betriebswirtschaftlicher Verlag Dr. Th. Gabler; GWV Fachverlage GmbH, Wiesbaden 2008, S. 85 – 102 (zitiert als: Beschorner, 2008)

BLAIR, MARGARET M.; ROE, MARK J. (1999): *Introduction, in: Blair, Margaret M.; Roe, Mark J., Employees and corporate governance,* The Brookings Institution, Washington D.C. 1999, S. 1 – 14 (zitiert als: Blair/ Roe, 1999)

BLAZOVICH, JANELL L.; SMITH, L. MURPHY (2008): *Ethical Corporate Citizenship: Does it Pay?*, Texas A&M University, 2008, abrufbar unter SSRN: http://ssrn.com/abstract=1125067, Abruf am: 01.03.2010 (zitiert als: Blazovich/ Smith, 2008)

BREMER, JENNIFER ANN (2008): *How global is the Global Compact?*, in: Business Ethics: A European Review, Vol. 17, Number 3, 2008, S. 227 – 244 (zitiert als: Bremer, 2008)

BRAMMER, STEPHEN; MILLINGTON, ANDREW; PAVELIN, STEPHEN (2006): *Is Philanthropy strategic? An analysis of the management of charitable giving in large UK companies*, in: Business Ethics: A European Review, Vol. 15, Number 3, 2006 (Zitiert als: Brammer et al., 2006)

CAVANAGH, GERALD F. (2004): *Global Business Ethics: Regulation, Code, or Self-Restraint*, in: Business Ethics Quarterly, Vol. 14, Issue 4, 2004, S. 625 – 642 (zitiert als: Cavanagh, 2004)

CIULLA, JOANNE B. (2005): *The state of leadership ethics and the work that lies before us*, in: Business Ethics: A European Review, Vol. 14, Number 4, 2005, S. 323 – 335 (zitiert als: Ciulla, 2005)

CRAGG, WESLEY (2002): *Business ethics and stakeholder theory*, in: Business Ethics Quarterly, Vol. 12, Issue 2, 2002, S. 113 – 142 (zitiert als: Cragg, 2002)

DIEBL, ELISABETH (2009): *Management von Sportgroßveranstaltungen – Unter besonderer Berücksichtigung des Stakeholdermanagements*, Diplomica Verlag GmbH, Hamburg, 2009 (zitiert als: Dießl, 2009)

DIETZFELBINGER, DANIEL (2008): *Praxisleitfaden Unternehmensethik – Kennzahlen, Instrumente, Handlungsempfehlungen*, 1. Auflage, Betriebswirtschaftlicher Verlag Dr. Th. Gabler; GWV Fachverlag GmbH, Wiesbaden 2008 (zitiert als: Dietzfelbinger, 2008)

ENDERLE, GEORGES (1988): *Wirtschaftsethik im Werden: Ansätze und Problembereich der Wirtschaftsethik*, Akademie der Diözese Rottenburg-Stuttgart, Stuttgart 1988 (zitiert als: Enderle, 1988)

ENDERLE, GEORGES (2004): *Global competition and corporate responsibilities of small and medium-sized enterprises,* in: Business Ethics: A European Review, Vol. 13, Number 1, 2004, S. 51 – 63 (zitiert als: Enderle, 2004)

FIGGE, FRANK; SCHALTEGGER, STEFAN (1999): *Was ist „Stakeholder Value"?: Vom Schlagwort zur Messung,* Ausgabe 219 – Arbeitsbericht, Universität Lüneburg 1999 (zitiert als: Figge/ Schaltegger, 1999)

FINCH, NIGEL (2005): *The Motivations for Adopting Sustainability Disclosure,* MGSM Working Paper No. 2005-17, 2005, abrufbar unter: http://ssrn.com/abstract=798724, Abruf am: 01.03.2010 (zitiert als: Finch, 2005)

FRANTZ, CHRISTIANE; MARTENS, KERSTIN (2006): *Nichtregierungsorganisation (NGOs),* 1. Auflage, VS Verlag für Sozialwissenschaften; GWV Fachverlage GmbH, Wiesbaden 2006 (zitiert als: Frantz/ Maring, 2006)

FREEMAN, R. EDWARD (2005): *Ethical Leadership and Creating Value for Stakeholders, in: Peterson, Robert A.; Ferrel, O.C. (Hrsg.), Business Ethics – New Challenges for Business Schools and Corporate Leaders,* M.E. Sharpe, Inc., New York 2005, S. 82 – 97 (zitiert als: Freeman, 2005)

GARCIA-CASTRO, ROBERTO; ARINO, MIGUEL A.; RODRIGUEZ, MIGUEL A.; AYUSO, SILVIA (2008): *A cross-national study of corporate governance and employment contracts,* in: Business Ethics: A European Review, Vol. 17, Number 3, July 2008, S. 259 – 284 (zitiert als Garcia-Castro, 2008)

GILBERT, DIRK ULRICH (2001): *Social Accountability 8000 – Ein praktikables Instrument zur Implementierung von Unternehmensethik in international tätigen Unternehmen?,* in: Zeitschrift für Wirtschafts- und Unternehmensethik, Ausgabe 2/ 2001, S. 123 – 148 (zitiert als: Gilbert, 2001)

GILBERT, DIRK ULRICH; RASCHE, ANDREAS (2007): *Discourse Ethics and Social Accountability: The Ethics of SA 8000,* in: Business Ethics Quarterly, Vol. 17, Issue 2, 2007, S. 187 – 216 (zitiert als: Gilbert/ Rasche, 2007)

GILBERT, DIRK ULRICH; RASCHE, ANDREAS (2008): *A discourse Ethical Perspective on Social Accounting – The Case of the „Global Eight", in: Scherer, Andreas Georg; Patzer, Moritz, (Hrsg.), Betriebswirtschaftslehre und Unternehmensethik,* 1. Auflage, Betriebswirtschaftlicher Verlag Dr. Th. Gabler; GWV Fachverlage GmbH, Wiesbaden 2008, S. 291 – 314 (zitiert als: Gilbert/ Rasche, 2008)

GOCKE, JULIA; KUNDE, ANNETTE; HARTMANN, JÖRG (2003): *BASF AG – Corporate Citizen BASF, in: Behrent, Michael; Wieland, Josef (Hrsg.), Corporate Citizenship und strategische Unternehmenskommunikation in der Praxis,* Rainer Hampp Verlag, München und Mering, 2003, S. 113 – 124 (zitiert als: Gocke et al., 2003)

GOTTSCHALK-MAZOUZ, NIELS (2000): *Diskursethik: Theorien – Entwicklungen – Trends,* Akademie Verlag GmbH, Berlin 2000 (zitiert als: Gottschalk-Mazouz, 2000)

GÖBEL, ELISABETH (2006): *Unternehmensethik – Grundlagen und praktische Umsetzung,* Lucius & Lucius Verlagsgesellschaft mbH, Stuttgart 2006 (zitiert als: Göbel, 2006)

HABISCH, ANDRÉ; SCHMIDPETER, RENÉ (2008): *Kriterien für ein erfolgreiches CC-Management, in: Habisch, André; Schmidpeter, René; Neureiter, Martin (Hrsg.), Handbuch Corporate Citizenship – Corporate Social Responsibility für Manager,* Springer-Verlag, Berlin Heidelberg 2008, S. 57 – 70 (zitiert als: Habisch/ Schmidpeter, 2008a)

HABISCH, ANDRÉ; SCHMIDPETER, RENÉ (2008): *Potentiale, Nutzenfelder, Legitimität, in: Habisch, André; Schmidpeter, René; Neureiter, Martin (Hrsg.), Handbuch Corporate Citizenship – Corporate Social Responsibility für Manager,* Springer-Verlag, Berlin Heidelberg 2008, S. 57 – 70 (zitiert als: Habisch/ Schmidpeter, 2008b)

HABISCH, ANDRÉ; SCHMIDPETER, RENÉ; NEUREITER, MARTIN (2008): *Handbuch Corporate Citizenship – Corporate Social Responsibility für Manager,* Springer-Verlag, Berlin Heidelberg 2008 (zitiert als: Habisch et al., 2008b)

HABISCH, ANDRÉ; WILDNER, MARTIN; WENZEL, FRANZ (2008): *Corporate Citizenship (CC) als Bestandteil der Unternehmensstrategie, in: Habisch, André; Schmidpeter, René; Neureiter, Martin, (Hrsg.), Handbuch Corporate Citizenship – Corporate Social Responsibility für Manager,* Springer-Verlag, Berlin Heidelberg 2008, S. 3 – 44 (zitiert als: Habisch et al., 2008a)

HAIBACH, MARITA (2008): *Fundraising – Definitionen, Abgrenzung und Einordnung, in: Fundraising Akademie (Hrsg.), Fundraising - Handbuch für Grundlagen, Strategien und Methoden*, 4., aktualisierte Auflage, Betriebswirtschaftlicher Verlag Dr. Th. Gabler; GWV Fachverlage GmbH, Wiesbaden 2008, S. 88 – 94 (zitiert als: Haibach, 2008)

HAMMANN, EVA-MARIA; HABISCH, ANDRÉ, PECHLANER, HARALD (2009): *Values that create value: socially responsible business practices in SMEs – empirical evidence from German companies*, in: Business Ethics: A European Review, Vol. 18, Number 1, 2009, S. 37 – 51 (zitiert als: Hammann et al., 2009)

HESS, DAVID (2001): *Regulating Corporate Social Performance: A New Look at social accounting, auditing, and reporting*, in: Business Ethics Quarterly, Vol. 11, Issue 2, 2001, S. 307 – 330 (zitiert als: Hess, 2001)

HOFFMAN, W. MICHAEL (1999): *A Blueprint for Corporate Ethical Development, in: Ulrich, Peter; Wieland, Josef (Hrsg.), Unternehmensethik in der Praxis – Impulse aus den USA, Deutschland und der Schweiz*, 2. unveränd. Auflage, Institut für Wirtschaftsethik der Universität St. Gallen, Bern/ Stuttgart/ Wien 1999, S. 49 – 62 (zitiert als: Hoffman, 1999)

HOMANN, KARL; BLOME-DREES, KARL (1992): *Wirtschafts- und Unternehmensethik*, UTB für Wissenschaft; Vandenhoeck & Ruprecht, Göttingen 1992 (zitiert als: Homann/ Blome-Drees, 1992)

IOANNOU, IOANNIS; SERAFEIM, GEORGE (2009): *The Impact of Corporate Social Responsibility on Investment Recommendations*, London Business School/ Harvard Business School, 2009, abrufbar unter SSRN: http://ssrn.com/abstract=1507874, Abruf am: 01.03.2010 (zitiert als: Ioannou/ Serafeim, 2009)

JAMES JR., HARVEY S.; COHEN, JEFFERY P. (2003): *Does Ethics Training Neutralize the Incentives of the Prisoner's Dilemma? Evidence from a Classroom Experiment*, abrufbar unter SSRN: http://ssrn.com/abstract=296134, Abruf am: 02.03.2010 (zitiert als: James/ Cohen, 2003)

KARMASIN, MATTHIAS; LITSCHKA, MICHAEL (2008): *Wirtschaftsethik – Theorien, Strategien, Trends,* LIT Verlag GmbH & Co. KG; LIT Verlag Dr. W. Hopf, Wien/ Köln 2008 (zitiert als: Karmasin/ Litschka, 2008)

KOHLSCHMIDT, BERND (2007): *Ethikmanagement in Theorie und Praxis: Ansätze der wirtschafts- und unternehmensethischen Theorie,* Tectum Verlag, Marburg 2007 (zitiert als: Kohlschmidt, 2007)

KOPP, REINHOLD; KOENEN, THOMAS (2007): *Das Netzwerk als Katalysator für Corporate Social Responsibility (CSR) – Econsense – Forum Nachhaltige Entwicklung der Deutschen Wirtschaft e.V.,* in: Zeitschrift für Wirtschafts- und Unternehmensethik, Ausgabe 2/ 2007, S. 212 – 216 (zitiert als: Kopp/ Koenen, 2007)

KREIKEBAUM, HARTMUT; BEHNAM, MICHAEL; GILBERT, DIRK ULRICH (2001): *Management ethischer Konflikte in international tätigen Unternehmen,* 1. Auflage, Betriebswirtschaftlicher Verlag Dr. Th. Gabler GmbH, Wiesbaden 2001 (zitiert als: Kreikebaum et al., 2001)

KUNZE, MAX (2007): *Unternehmensethik und Wertemanagement in Familien- und Mittelstandsunternehmen – Projektorientierte Analyse, Gestaltung und Integration von Werten und Normen,* 1. Auflage, Betriebswirtschaftlicher Verlag Dr. Th. Gabler; GWV Fachverlage GmbH, Wiesbaden 2008 (zitiert als: Kunze, 2007)

LEISINGER, KLAUS M. (2006): *Der UN Global Compact als Orientierungsrahmen für unternehmensethische Ambitionen,* in: Forum Wirtschaftsethik, 14. Jg., Nr. 1/2006, S. 8 – 19 (zitiert als: Leisinger, 2006)

LENK, HANS; MARING, MATTHIAS (2004): *Ist es rational, Ethisch zu sein? – Ökonomische Rationalität und Ethik, in: Ruh, Hans; Leisinger, Klaus M., (Hrsg.), Ethik im Management – Ethik und Erfolg verbünden sich,* Orell Füssli Verlag AG, Zürich 2004, S. 31 – 41 (zitiert als: Lenk/ Maring, 2004)

MARNBURG, EINAR (2000): *The behavioural effects of corporate ethical codes: Empirical findings and discussion,* in: Business Ethics: A European Review, Vol. 9, Number 3, 2000, S. 200 – 210 (zitiert als: Marnburg, 2000)

MARTIN, GILLIAN S.; RESICK, CHRISTIAN J.; KEATING, MARY A.; DICKSON, MARCUS W. **(2009):** *Ethical leadership across cultures: a comparative analysis of German and US perspectives,* in: Business Ethics: A European Review, Vol. 18, Number 2, 2009, S. 127 – 144 (zitiert als: Martin et al., 2009)

MAYER, DAVID M.; KUENZI, MARIBETH; GREENBAUK, REBECCA; BARDES, MARY; SALVADOR, ROMMEL (2009): *How low does ethical Leadership flow? Test of a trickle-down model,* in: Organizational Behavior and Human Decision Processes, Vol. 108, Issue1, 2009, S. 1 – 13 (zitiert als: Mayer et al., 2009)

MAYHEW, BRIAN W.; MURPHY, PAMELA R. (2008): *The Impact of Ethics Education on Reporting Behavior,* in: Journal of Business Ethics, Vol. 86, issue 3, 2009, S. 397 – 416, abrufbar unter SSRN: http://ssrn.com/abstract=557184, Abruf am: 02.03.2010 (zitiert als: Mayhew/ Murphy, 2008)

MEYER, URSULA I. (2002*): Der Philosophische Blick auf die Wirtschaft,* ein-Fach-Verlag, Aachen 2002 (zitiert als: Meyer, 2002)

MOORE, GEOFF; ROBSON, ANDY (2002): *The UK supermarket industry: an analysis of corporate social and financial performance,* in: Business Ethics: A European Review, Vol. 11, Number 1, 2002, S. 25 – 39 (zitiert als: Moore/ Robson, 2002)

MOSER, PATRICK (2009): Stakeholdermanagement zur optimalen Gestaltung strategischen Wandels, Diplomica Verlag GmbH, Hamburg, 2009 (zitiert als: Moser, 2009)

NOLL, BERND (2002): *Wirtschafts- und Unternehmensethik in der Marktwirtschaft,* Verlag W. Kohlhammer, Stuttgart/ Berlin/ Köln 2002 (zitiert als: Noll, 2002)

PECH, JUSTINUS C. (2007*): Bedeutung der Wirtschaftsethik für die marktorientierte Unternehmensführung,* 1. Auflage, Deutscher Universitätsverlag; GWV Fachverlage GmbH, Wiesbaden 2007 (zitiert als: Pech, 2007)

PERRINI, FRANCESCO; MINOJA, MARIO (2008): *Strategizing corporate social responsibility: evidence from an Italian medium-sized, family-owned company,* in: Business Ethics: A European Review, Vol. 17, Number 1, 2008, S. 47 – 63 (zitiert als: Perrini/ Minoja, 2008)

PIVATO, SERGIO; MISANI, NICOLA; TENCATI, ANTONIO (2008): *The impact of corporate social responsibility on consumer trust: the case of organic food*, in: Business Ethics: A European Review, Vol. 17, Number 1, 2008, S. 3 – 12 (zitiert als: Pivato et al., 2008)

PHILLIPS, ROBERT (2003): *Stakeholder Legitimacy*, in: Business Ethics Quarterly, Vol. 13, Issue 1, 2003, S. 25 – 41 (zitiert als: Phillips, 2003)

PONNU, CYRIL H.; TENNAKOON, GIRINDRA (2009): *The Association Between Ethical Leadership and Employee Outcomes – The Malaysian Case*, in: Electronic Journal of Business Ethics and Organization Studies, Vol. 14, No. 1, 2009 (zitiert als: Ponnu/ Tennakoon, 2009)

PORTZ, THOMAS (2003): *Bayer AG – Corporate Citizenship als Unternehmensphilosophie, in: Behrent, Michael; Wieland, Josef (Hrsg.), Corporate Citizenship und strategische Unternehmenskommunikation in der Praxis*, Rainer Hampp Verlag, München und Mering, 2003, S. 125 – 140 (zitiert als: Portz, 2003)

RATHNER, SEBASTIAN (2008): *Corporate Social Responsibility (CSR) – Mehr Schein oder doch Sein?, in: Fischer, Michael; Schrems, Ingeborg, (Hrsg.), Ethik im Sog der Ökonomie – Was entscheidet wirklich über unser Leben*, Peter Lang GmbH – Internationaler Verlag der Wissenschaften, Frankfurt a.M. 2008, S. 303 – 318 (zitiert als: Rathner, 2008)

RIETH, LOTHAR (2003): *Deutsche Unternehmen, Soziale Verantwortung und der Global Compact: Ein empirischer Überblick*, in: Zeitschrift für Wirtschafts- und Unternehmensethik, Ausgabe 3/ 2003, S. 372 – 391 (zitiert als: Rieth, 2003)

RHO, HAN-KYUN (2007): *Understanding the Nature of ISO 2600, A Coming International Standard on Social Responsibility*, Kookmin University, Korea, abrufbar unter SSRN: http://ssrn.com/abstract=1275586, Abruf am: 25.03.2010 (zitiert als: Rho, 2007)

RODGERS, WAYMOND; CHOY, HIU LAM; GUIRAL, ANDRÉS (2008): *Do Investors Value a Firm's Commitment to Social Activities? The Moderating Role of Intangibles and the Impact of the Sarbanes-Oxley Act,* University of California, Riverside/ Drexel University/ University of Alcala, 2008, abrufbar unter SSRN: http://ssrn.com/abstract=1311473, Abruf am: 01.03.2010 (zitiert als: Rodgers et al., 2008)

ROIGER, MANUELA B. (2007*): Gestaltung von Anreizsystemen und Unternehmensethik – Eine norm- und wertbezogene Analyse der normativen Principal-Agent-Theorie, 1.* Auflage, Deutscher Universitäts-Verlag; GWV Fachverlage GmbH, Wiesbaden 2007 (zitiert als: Roiger, 2007)

ROLOFF, JULIA (2002): *Stakeholdermanagement: Ein monologisches oder dialogisches Verfahren?,* in: Zeitschrift für Wirtschafts- und Unternehmensethik, Ausgabe 1/ 2002, S. 77 – 95 (zitiert als: Roloff, 2002)

SCHMIEDEKNECHT, M.; WIELAND, J. (2007): *Iso 26000 as a Stakeholder Dialogue – An empirical study, in: Wieland, J. (Hrsg.), Governanceethik und Diskursethik – ein zwangloser Diskurs, Metropolis, Marburg 2007, S. 137 – 171 (zitiert als: Schmiedeknecht/ Wieland, 2007)*

SCHWALBACH, JOACHIM; SCHWERK, ANJA (2008): *Corporate Governance und Corporate Citizenship, in: Habisch, André; Schmidpeter, René; Neureiter, Martin, (Hrsg.), Handbuch Corporate Citizenship – Corporate Social Responsibility für Manager,* Springer-Verlag, Berlin/ Heidelberg 2008, S. 71 – 85 (zitiert als: Schwalbach/ Schwerk, 2008)

SCHWARTZ, MARK S.; CARROLL, ARCHIE B. (2003): *Corporate Social Responsibility: A Three-Doman Approach,* in: Business Ethics Quarterly, Vol. 13, Issue 4, 2003, S. 503 – 530 (zitiert als: Schwartz/ Carroll, 2003)

SIMS, RANDI L.; KROECK, K. GALEN (1994): *The Influence of Ethical Fit on Employee Satisfaction, Commitment and Turnover,* in: Journal of Business Ethics, Vol. 13, Number 12, 1994, S. 939 – 947 (zitiert als: Sims/ Kroeck, 1994)

SKRZIPEK, MARKUS (2005): *Shareholder Value versus Stakeholder Value – Ein Vergleich des US-amerikanischen Raums mit Österreich,* Deutscher Universitäts-Verlag; GWV Fachverlage GmbH, Wiesbaden 2005 (zitiert als: Skrzipek, 2005)

STEFFENHAGEN, HARTWIG (2008): *Marketing – Eine Einführung,* W. Kohlhammer GmbH , 6. Auflage, Stuttgart 2008 (zitiert als: Steffenhagen, 2008)

TALAULICAR, TILL (2006): *Unternehmenskodizes – Typen und Normierungsstrategien zur Implementierung einer Unternehmensethik,* 1. Auflage, Deutscher Universitäts-Verlag; GWV Fachverlage GmbH, Wiesbaden 2006 (zitiert als: Talaulicar, 2006)

TALAULICAR, TILL (2007): *Unternehmenskodizes – Typen und Normierungsstrategien zur Implementierung einer Unternehmensethik,* in: Zeitschrift für Wirtschafts- und Unternehmensethik, Ausgabe 3/ 2007, S. 328 – 335 (zitiert als: Talaulicar, 2007)

TEWES, NICOLAI (2003): *Allianz Group – Unverwechselbar glaubwürdig, in: Behrent, Michael; Wieland, Josef (Hrsg.), Corporate Citizenship und strategische Unternehmenskommunikation in der Praxis,* Rainer Hampp Verlag, München und Mering, 2003, S. 99 – 112 (zitiert als: Tewes, 2003)

THIELEMANN, ULRICH (2005): *Compliance und Integrity – Zwei Seiten ethisch integrierter Unternehmenssteuerung – Lektionen aus den Compliance Management einer Großbank,* in: Zeitschrift für Wirtschafts- und Unternehmensethik, Ausgabe 1/ 2005, S. 31 – 50 (zitiert als: Thielemann, 2005)

THOMAS, ANISYA S.; SIMERLY, ROY L. (1994): *The Chief Executive Officer and Corporate Social Performance: An Interdisciplinary Examination,* Journal of Business Ethics, Vol. 13, Number 12, 1994, S. 959 – 968 (zitiert als: Thomas/ Simerly, 1994)

THOMPSON, GRAHAME; DRIVER, CIARAN (2005): *Stakeholder champions: how to internationalize the corporate social responsibility agenda,* in: Business Ethics – A European Review, Vol. 14, Number 1, 2005, S. 56 - 66 (zitiert als: Thompson/ Driver, 2005)

TOKARSKI, KIM OLIVER (2008*): Ethik und Entrepreneurship – Eine theoretische sowie empirische Analyse junger Unternehmen im Rahmen einer Unternehmensethikforschung*, 1. Auflage, Gabler; GWV Fachverlage GmbH, Wiesbaden 2008 (zitiert als: Tokarski, 2008)

TÖPFER, ARMIN (2007): *Betriebswirtschaftslehre – Anwendungs- und Prozessorientierte Grundlagen, 2.*, überarbeitete Auflage, Springer-Verlag, Berlin/ Heidelberg 2007 (zitiert als: Töpfer 2007)

ULRICH, PETER; LUNAU, YORK; WEBER, THEO (1999*): 'Ethikmaßnahmen in der Praxis – Zum Stand der Wahrnehmung und Institutionalisierung von Unternehmensethik in deutschen und schweizerischen Firmen; Ergebnisse einer Befragung, in: Ulrich, Peter; Wieland, Josef (Hrsg.), Unternehmensethik in der Praxis – Impulse aus den USA, Deutschland und der Schweiz, 2. unveränd.* Auflage, Institut für Wirtschaftsethik der Universität St. Gallen, Bern/ Stuttgart/ Wien 1999, S. 121 – 194 (zitiert als: Ulrich et al., 1999)

VON DÜSTERLHO, JENS-ERIC (2002): *Das Shareholder-Value-Konzept – Methodik und Anwendung im strategischen Management,* Deutscher Universitäts-Verlag, Wiesbaden 2003 (zitiert als: von Düsterlho, 2002)

WEI-SKILLERN, JANE (2004): *The Evolution of Shell's Stakeholder Approach: A case study,* in: Business Ethics Quarterly, Vol. 14, Issue 4, 2004, S. 713 – 728 (zitiert als: Wei-Skillern, 2004)

WHETSTONE, J. THOMAS (2002): *Personalism and moral leadership: the servant leader with a transforming vision,* in: Business Ethics: A European Review, Vol. 11, Number 4, 2002, S. 385 – 392 (zitiert als: Whetstone, 2002)

WICKS, ANDREW C.; BERMAN, SHAWN L. (2004): *The effects on context on trust in firm-stakeholder relationships: The institutional environment, trust creation, and firm performance,* in: Business Ethics Quarterly, Vol. 14, Issue 1, 2004, S. 141 – 160 (zitiert als: Wicks/ Berman, 2004)

WIELAND, JOSEF (2003): *Corporate Citizenship, in: Behrent, Michael; Wieland, Joseph, (Hrsg.), Corporate Citizenship und strategische Unternehmenskommunikation in der Praxis,* dnwe Schriftenreihe, Folge 11, Rainer Hampp Verlag, München und Mering 2003, S. 13 – 20 (zitiert als: Wieland, 2003)

WIELAND, JOSEF; FÜRST, MICHAEL (2003): *WerteManagementSysteme in der Praxis. Erfahrungen und Ausblicke. – Empirische Ergebnisse einer Längsstudie – Endfassung* – KIeM – Working Paper Nr. 04/ 2003, abrufbar unter http://www.htwg-konstanz.de/fileadmin/pub/ou_kiem/Working_Papers/WP_04_2003_JW_Fuerst_WM S_in_der_Praxis-Emp._Laengsstudie.pdf, Abruf am: 01.03.2010 (zitiert als: Wieland/ Fürst, 2003)

WIELAND, JOSEF (2004): *Wozu Wertemanagement? Ein Leitfaden für die Praxis, in: Wieland, Josef (Hrsg.), Handbuch Wertemanagement,* 1 Auflage, Murmann Verlag GmbH, Hamburg 2004, S. 13 – 54 (zitiert als: Wieland, 2004)

WIELAND, JOSEF (2009): *Wirtschafts- und Unternehmensethik für die Praxis,* 15. Herbstakademie, Wirtschafts- und Unternehmensethik, Weingarten, 26.11.2009, Konstanz Institut für WerteManagement – KIeM, abrufbar unter: http://akademie-rs.de/fileadmin/user_upload/pdf_archive/oehlschlaeger/2009/091125_Wieland_Herbst tagung_DNWE_Weingarten_XXL.pdf, Abruf am: 02.03.2010 (zitiert als: Wieland, 2009)

WORTHINGTON, IAN; RAM, MONDER; JONES, TREVOR (2006): *'Giving something back': a study of corporate social responsibility in UK South Asian small enterprises,* in: Business Ethics: A European Review, Vol. 15, Number 1, 2006, S. 95 – 108 (zitiert als: Worthington et al., 2006)

ZIELOWSKI, CHRISTIAN (2007): *Managementkonzepte aus Sicht der Organisationskultur – Auswahl, Ausgestaltung und Einführung,* 1. Auflage, Deutscher Universitäts-Verlag; GWV Fachverlage GmbH, Wiesbaden 2006 (zitiert als: Zielowski, 2007)

ZÖLLNER, CHRISTINE (2007): *Interne Corporate Governance – Entwicklung einer Typologie,* Deutscher Universitäts-Verlag; GWV Fachverlage GmbH, Wiesbaden 2007 (zitiert als: Zöllner, 2007)

Literaturverzeichnis – Internetquellen

BERTELSMANN STIFTUNG (2010): *Einstellung zur sozialen Marktwirtschaft in Deutschland am Jahresanfang 2010 – Erkenntnisse aus repräsentativen Trendforschung,* http://www.bertelsmann-stiftung.de/bst/de/media/xcms_bst_dms_30805_30824_2.pdf, Abruf am: 25.03.2010 (zitiert als: o.V., Bertelsmann Stiftung, 2010)

BOOZ ALLEN HAMILTON (2003): *Werte Schaffen Werte – eine Booz Allen Hamilton Studie – Juli 2003,* http://www.boozallen.com/media/file/5h_werte.pdf, Abruf am: 25.03.2010 (zitiert als: o.V., Booz Allen Hamilton, 2003)

CLIMATEX (O.J.): *Produktepass,* http://www.climatex.com/de/produkte/climatex.php5, Abruf am: 06.03.2010 (zitiert als: o.V., Climatex, o.J.)

DEUTSCHE TELEKOM AG, (O.J.): *Zuhören – Diskutieren – Verstehen,* http://www.telekom.com/dtag/cms/content/dt/de/583078;jsessionid=40197F41D1E96 C51A565502F699EB50F, Abruf am: 06.03.2010 (zitiert als: o.V., Deutsche Telekom AG, o.J.)

GLOBAL REPORTING INITIATIVE, (O.J.): *RG – Sustainability Reporting Guidelines – Version 3.0,* http://www.globalreporting.org/NR/rdonlyres/B52921DA-D802-406B-B067-4EA11CFED835/3882/G3_GuidelinesENU.pdf, Abruf am: 06.03.2010 (zitiert als: o.V., GRI, o.J.)

GRAMEEN BANK (O.J.): *A Short History of Grameen,* http://www.grameen.com/index.php?option=com_content&task=view&id=19&itemid=114, Abruf am: 06.03.2010 (zitiert als: o.V., Grameen Bank, o.J.)

INTERNATIONAL ORGANIZATION FOR STANDARDIZATION (2008): *ISO and social responsibility.* http://www.iso.org/iso/socialresponsibility.pdf, Abruf am: 06.03.2010 (zitiert als: o.V., ISO, 2008)

KOMMISSION DER EUROPÄISCHEN GEMEINSCHAFTEN (2001): *Grünbuch – Europäische Rahmenbedingungen für die soziale Verantwortung der Unternehmen.* http://www.eur-lex.europa.eu/LexUriServ/site/de/com//2001/com2001_0366de01.pdf, Abruf am: 06.03.2010 (zitiert als: o.v., Kommission der Europäischen Gemeinschaften, 2001)

KPMG (2010*): Wirtschaftskriminalität in Deutschland 2010 – Fokus Mittelstand,* http://www.kpmg.de/docs/20091220_Wirtschaftskriminalitaet.pdf, Abruf am: 25.03.2010 (zitiert als: o.v., KPMG, 2010)

OECD (2004): *OECD Principles of Corporate Governance,* http://www.OECD.org/dataoecd/32/18/31557724.pdf, Abruf am: 25.03.2010 (zitiert als: o.V., OECD, 2004)

ODENWALD, MICHAEL (26.02.2010): *Klimawandel – und es gibt ihn doch,* http://www.focus.de/wissen/wissenschaft/wissenschafts-dossiers/tid-17377/klimawandel-und-es-gibt-ihn-doch_aid_484225.html, Abruf am: 25.03.2010 (zitiert als: Odenwald, in: Focus Online, 2010)

REGIERUNGSKOMMISSION DCGK (2009): *Deutscher Corporate Governance Kodex (in der Fassung vom 18.Juni 2009),* http://www.corporate-governance-code.de/ger/download/kodex_2009/D_CorGov_Endfassung_Juni_2009.pdf, Abruf am: 25.03.2010 (zitiert als: o.V., Regierungskommission DCGK, 2009)

SPIEGEL ONLINE (19.02.2010): *Uno-Studie - Großkonzerne verursachen billionenschwere Umweltkosten,* http://www.spiegel.de/wirtschaft/unternehmen/0,1518,678963,00.html, Abruf am: 25.03.2010 (zitiert als: o.V., Spiegel Online, 2010)

UN GLOBAL COMPACT (O.J.): *The Ten Principles,* http://www.unglobalcompact.org/AboutTheGC/TheTenPrinciples/Index.html, Abruf am 25.03.2010 (zitiert als: o.V., UN Global Compact, o.J.)

UNITED NATIONS – GENERAL ASSEMBLY (1987): *42/187 – Report of the World Comission on Environment and Development.* http://www.un.org/documents/ga/res/42/ares42-187.htm, Abruf am: 06.03.2010 (zitiert als: o.V., UN General Assembly, 1987)

ZENTRUM FÜR WIRTSCHAFTSETHIK (2007): *WerteManagementSystem – Standard and Guidance Document,* http://www.dnwe.de/tl_files/ZfW/wms.pdf, Abruf am: 12.02.2010 (zitiert als: o.V., ZfW, 2007)

XXVII

Niniejszym chciałbym podziękować mojej kochanej mamie, Beacie Przytuła,
za bezinteresowne i bezgraniczne wsparcie w czasie studiów,
oraz jej mężczyźnie, Michaelowi Jaegersberg.

Sollte diese Arbeit von Erfolg gekrönt sein, möchte ich hiermit meiner lieben Mama,
Beata Przytuła, für ihre selbst- und grenzenlose Unterstützung
während meines Studiums danken. Dank gilt ebenfalls
ihrem Partner, Michael Jaegersberg.

In Memoriam
Cezary Władysław Przytuła
* 07.07.1963 – † 24.10.2005